"十三五"国家重点图书出版规划项目
平安交通与绿色交通发展研究论丛
国家自然科学基金（41471459）沃尔沃研究与教育基金

CHENGSHI
KUAISU GONGGONG QICHE
JIAOTONG XITONG

城市快速公共汽车交通系统

崔学忠　吴洪洋　郭　忠　编著

人民交通出版社股份有限公司
China Communications Press Co.,Ltd.

内 容 提 要

本书共分七章,包括城市快速公共汽车交通系统概述,城市快速公共汽车交通系统规划,城市快速公共汽车交通系统交通调查与需求预测方法,城市快速公共汽车交通线网规划方法,城市快速公共汽车交通场站布局规划与方法,城市快速公共汽车交通智能控制、调度技术与系统,城市快速公共汽车交通系统运营评估指标体系与评估方法。

本书可供城市快速公共汽车交通系统规划、设计、运营和管理的相关人士学习和参考。

图书在版编目(CIP)数据

城市快速公共汽车交通系统/崔学忠,吴洪洋,郭忠编著.—北京:人民交通出版社股份有限公司,2015.12

ISBN 978-7-114-12654-3

Ⅰ.①城… Ⅱ.①崔… ②吴… ③郭… Ⅲ.①公共汽车—快速定线客运—交通运输管理 Ⅳ.①U492.4

中国版本图书馆 CIP 数据核字(2015)第 287654 号

书　　名:	城市快速公共汽车交通系统
著　作　者:	崔学忠　吴洪洋　郭　忠
责任编辑:	杨丽改
出版发行:	人民交通出版社股份有限公司
地　　址:	(100011)北京市朝阳区安定门外外馆斜街 3 号
网　　址:	http://www.ccpress.com.cn
销售电话:	(010)59757973
总 经 销:	人民交通出版社股份有限公司发行部
经　　销:	各地新华书店
印　　刷:	中国电影出版社印刷厂
开　　本:	720×960　1/16
印　　张:	13.25
字　　数:	155 千
版　　次:	2015 年 11 月　第 1 版
印　　次:	2017 年 8 月　第 3 次印刷
书　　号:	ISBN 978-7-114-12654-3
定　　价:	55.00 元

(有印刷、装订质量问题的图书由本公司负责调换)

编 写 组

组　长：崔学忠　吴洪洋
副组长：郭　忠　彭　虓
成　员：刘好德　姜仙童　陈徐梅　刘　彤
　　　　马万经　王元庆　杨兆升　田春林
　　　　萧　赓　林　正　张建武　于德新
　　　　魏领红　常成志　安　晶　赵　屾
　　　　王吉生　罗大明　吴家庆　朱宏伟
　　　　巩丽媛　林赐云　苗世春　林松涛
　　　　王晓佳　刘向龙　杨丽改　刘蕾蕾
　　　　倪　威　谢涵洲　陆兴桃　任　倩

前言 Preface

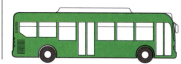

    城市快速公共汽车交通系统(Bus Rapid Transit,简称BRT)是以大容量、高性能公共汽电车沿专用车道运行,有专用站台,实现站外售票、乘客水平乘降,并由智能调度系统、优先通行信号系统和乘客信息服务系统控制的快速公共交通方式。BRT既具有类似城市轨道交通容量大、速度快的特点,又具有常规地面公交灵活、造价低等优点,已成为现代城市满足广大人民群众基本出行需求、解决城市交通拥堵、促进城市交通可持续健康发展的重要举措之一。

    在拉丁美洲BRT系统建成之后,世界范围内掀起了研究、建设BRT系统并将其纳入城市公交系统的热潮,其中规划和建设最成功及运营效果最好的当数巴西的库里蒂巴市BRT系统。世界银行集团(WB)、国际能源署(IEA)、交通发展政策研究所(ITDP)等国际组织和各国相关部门把BRT作为解决城市交通问题的革命性方案,积极地向世界各大城市推荐,并组织人力、物力开始全面、系统地研究BRT。然而,在我国由于快速公共汽车交通系统发展起步晚,在发展过程中缺少经验积累、理论指导以及规范约束,集中体现在BRT在城市综合运输体系中的定位与作用尚不清晰明确,缺乏指导性要求;BRT系统的规划建设缺乏依据;BRT的运营效果缺乏有效的评价机制与评价方法;BRT智能调度与信号优先缺乏统一标准。上述问题直接影响了BRT健康可持续发展及其整体效能的提升,造成BRT对群众出行的吸引力受到一定的影响。

本书较为系统地介绍了BRT系统规划设计以及运营管理过程中涉及的交通调查、需求预测、网络设计、场站规划、智能调度、运营评价等关键技术。同时,本书介绍了济南、北京、武汉等合作单位在地方快速公共汽车交通系统规划、智能调度、运营评价等方面的实践。

交通运输部科学研究院是主要面向政府主管部门和整个交通行业开展前瞻性、公益性和基础性研究的科研机构。近年来,交通运输部科学研究院在快速公共汽车交通领域,主持完成了交通运输部交通运输建设科技项目《城市快速公共汽车交通(BRT)规划、控制与运营关键技术研究》,起草行业标准《快速公共汽车交通系统规划设计导则》(JT/T 960—2015)以及《快速公共汽车交通系统运营评价指标体系》(JT/T 959—2015),参与编写了国家标准《快速公共汽车交通系统建设与运营管理规范》(GB/T 32985—2016),在国内外取得了良好的反响。本书所总结的快速公共汽车交通系统规划、控制与运营关键技术都是交通运输部科学研究院集体智慧的结晶。另外,本书的出版和相关研究工作得到了国家自然科学基金(41471459)和沃尔沃研究与教育基金会(VREF)的支持,在此一并深表感谢。

由于作者学识水平有限,且编写时间仓促,书中难免存在错误和不足之处,敬请读者批评指正。

编著者

2015 年 8 月

目录 Contents

第一章　城市快速公共汽车交通系统概述
　第一节　城市快速公共汽车交通系统概念 …………………………… 002
　第二节　城市快速公共汽车交通特征及其要素 ……………………… 003
　第三节　我国发展城市快速公共汽车交通的必要性 ………………… 005

第二章　城市快速公共汽车交通系统规划
　第一节　城市快速公共汽车交通系统规划的目标与层次 …………… 008
　第二节　城市快速公共汽车交通系统规划框架及内容 ……………… 009

第三章　城市快速公共汽车交通系统交通调查与需求预测方法
　第一节　城市快速公共汽车交通系统交通调查与分析 ……………… 014
　第二节　基于交通规划模型的客流需求预测方法 …………………… 022

第四章　城市快速公共汽车交通线网规划方法
　第一节　城市快速公共汽车交通线网规划流程 ……………………… 042
　第二节　城市快速公共汽车交通线网规模匡算 ……………………… 045
　第三节　城市快速公共汽车交通线网规划方法 ……………………… 046
　第四节　基于城市快速公共汽车交通线网的常规地面公交线网优化 … 057
　第五节　城市快速公共汽车交通线网优化方案评价方法 …………… 060
　第六节　武汉市 BRT 线网规划实施 …………………………………… 064

第五章　城市快速公共汽车交通场站布局规划与方法

- 第一节　城市快速公共汽车交通枢纽场站分类 …………………… 072
- 第二节　城市快速公共汽车交通首末站规划 ……………………… 075
- 第三节　城市快速公共汽车交通中间站规划 ……………………… 077
- 第四节　城市快速公共汽车交通枢纽选址规划 …………………… 083
- 第五节　城市快速公共汽车交通停车维修场规划 ………………… 089
- 第六节　济南市快速公共汽车交通场站布局规划实施 …………… 090

第六章　城市快速公共汽车交通智能控制、调度技术与系统

- 第一节　城市快速公共汽车交通智能调度控制系统总体设计 …… 096
- 第二节　城市快速公共汽车交通智能调度系统 …………………… 102
- 第三节　城市快速公共汽车交通运行监测系统 …………………… 106
- 第四节　城市快速公共汽车交通信息服务系统 …………………… 111
- 第五节　城市快速公共汽车交通信号优先控制系统 ……………… 114
- 第六节　城市快速公共汽车交通信号优先控制系统评价 ………… 131
- 第七节　北京市南中轴 BRT 线路智能系统工程 …………………… 136

第七章　城市快速公共汽车交通系统运营评价指标体系与评价方法

- 第一节　概述 ………………………………………………………… 150
- 第二节　运营评价指标体系 ………………………………………… 153
- 第三节　评价方法和评价模型 ……………………………………… 184
- 第四节　济南市 BRT 运营评价应用 ………………………………… 193

参考文献

第一章

城市快速公共汽车交通系统概述

第一节　城市快速公共汽车交通系统概念

我国建设部于2004年发布的《关于优先发展城市公共交通的意见》中明确指出:"大运量快速公共汽车运营系统是利用大容量的专用公共交通车辆,在专用的道路空间运营并由专用信号控制的新型公共交通方式,具有交通运量大、快捷、安全等特点,工程造价和运营成本相对低廉。"

美国联邦公共交通管理局(Federal Transit Administration,简称FTA)定义快速公共汽车交通为:结合轨道运输系统的品质及地面公共运输的弹性,采用专用路、高合乘道路、快速路或一般街道,结合智能交通系统(Intelligent Transportation System,简称ITS)技术、赋有公交优先权、低污染与低噪声的车辆以及快速便捷的收费系统,并结合运输导向的土地开发模式的运输系统。

国际交通与发展政策研究所(Institute for Transportation & Development policy,简称ITDP)定义快速公共汽车交通是一种高品质、顾客导向的公共交通方式,提供快速、舒适、低成本的公共运输服务。

国际能源基金会(Institute for Energy Foundation,简称IEF)定义快速公共汽车交通是利用改良的公交车辆,运营在公共交通专用道路上,保持轨道交通的特性且具备常规公交灵活性的一种便利、快速的公共交通方式。

交通协作调查组织(Transport Cooperative Research program,简称TCRP)定义快速公共汽车交通系统是一种弹性化、采用橡胶轮胎的快速交通工具,并结合车站、车辆、服务、车道与智能运输系统等元素,成为一个具备鲜明识别印象的整合系统。

综上所述,结合我国城市公共交通发展的实践,本书定义:城市快速公共汽车交通系统是以大容量、高性能公共汽(电)车沿专用车道按班次运行,有专用站台,实现站外售票、乘客水平乘降,并由智能调度系统、优先通行信号系统和乘客信息服务系统控制的快速公共交通方式。

快速公共汽车交通由于其运量大、建设周期短、运行速度相对较快以及节约能源、节约道路资源、有利于环保、能有效缓解城市交通拥堵等优势,逐渐成为全球城市公共交通业的可持续发展的重要解决方案之一。联合国、世界银行、国际能源机构以及公共交通国际联合会等国际组织与机构,都把快速公共汽车交通作为解决城市交通问题的革命性方案,积极地向世界各大城市推荐。

第二节 城市快速公共汽车交通特征及其要素

BRT系统不只是简单的公交专用线,它整合了车站、车辆、线路、公交车道和公交智能系统等多个元素,系统组成及核心内容见表1-1。

BRT系统具备以下4个明显特征:

快速公共汽车交通的系统组成及核心内容 表1-1

系统组成	核心内容
快速公共汽车交通专用车道	开辟"公交专用道",确保公交汽车快速行驶是实现快速公共汽车交通系统的基础,也是BRT系统的决定性组成部分。公交专用道设置的基本目的是提高快速公共汽车交通运营速度,保持快速公共汽车交通运营速度不受其他车辆的影响

续上表

系统组成	核心内容
站台	提供水平登乘、车外售检票、实时信息监控系统和有景观特色的建筑,为乘客提供安全、舒适的候车环境与快速方便的上下车服务
独特的车辆设计	BRT车辆有许多人性化设计,例如使用具有铰接式专用车辆、多车门、乘坐舒适和智能型等特点的专用车辆,并可使用清洁能源。车门宽大便于进出,同时也装备GPS系统自动显示车辆位置,自动报站等。这是快速公共汽车交通系统的重要组成部分
信号优先系统	为了使BRT行驶路线保持畅通、便捷,减少交叉路口红灯等待而产生的延误,必须进行信号优先设计。信号优先系统,主要是指在交叉路口处给予快速公共汽车交通车辆优先通行权,这是BRT车辆高效、准时、快速与舒适运行的基本保证
智能化的调度系统	综合运用现代通信和信息手段,实现乘客信息服务、运营车辆自动定位、交通信号优先和车辆实时监控等ITS技术,对车辆进行跟踪管理,节省所用的车辆和燃料,改善调度计划,建立功能齐全的系统控制中心

(1) 具有较快的运营速度,快速公共汽车交通的车辆运营在专用路权上,运营速度一般在 20～35km/h,接近轨道交通的运营速度。

(2) 具备较强的运营能力,高峰小时运送能力一般可达到单向 1.5 万～2.5 万人次/h,与中运量轨道交通的运输能力相当。高标准的快速公共汽车交通系统的运能可高达 4 万人次/h 以上,接近和超过大部分的轨道交通的运能。

(3) 具有较高的服务水平,大多数 BRT 系统采用 18～25m 长的新型铰接公交车,单车的载客人数可高达 200～250 人。

(4) 快速公共汽车交通的车辆一般采用色彩鲜艳、标识统一的车辆,以体现其品牌效应。

第三节　我国发展城市快速公共汽车交通的必要性

我国大多数城市在打造可持续的城市交通这一问题上已经达成了广泛一致的认识,即通过大幅提高以公共交通为主体的绿色交通出行分担率来调整城市出行结构,主要有以下方式和手段:

(1)限制小汽车的拥有和使用(限行、限购)的交通需求管理政策;

(2)引导小汽车的拥有和使用(拥堵收费、燃油税、牌照税、环境税、停车费等)的交通需求管理政策;

(3)大规模建设以城市轨道交通为主的扩大公共交通供给的政策;

(4)重新分配道路资源为主的 BRT、公交专用道、非机动优先建设的结构调整政策。

城市快速公共汽车交通系统(BRT)兼具类似轨道交通容量大、速度快的特点,又具有常规公交灵活、造价低等优点,符合我国大中城市建设可持续交通的发展策略,主要体现在以下 3 个方面:

(1)适应城市和交通发展的要求。为了引导城市的快速发展,必须改变公共交通在空间上的约束条件,选择速度快、容量大、污染少的大运量快速公共汽车交通系统作为城市公共交通体系的骨干。快速公共汽车交通先期主要作为轨道交通的补充,布设在主要客流走廊上,满足长距离居民的快速出行需求,缓解城市中心的交通拥挤状况。

(2)提高运行速度,增强公共交通吸引力。常规地面公交车辆运行的速度一般仅为 10~15km/h,严重影响了公共交通对乘客的吸引力。快速公共汽车交通由于在封闭或半封闭的快速专用道上行使,可以避免公共交通车辆与社会车辆混行,运行速度快,同时又兼具良好的乘车环境和服务,可极大地增强公共交通的吸引力。

(3)成本低,建设周期短。BRT系统易于形成新的公交网络,也易于强化既有的公交网络。与轻轨相比,快速公共汽车交通的投资一般可以减少60%~80%,建设周期缩短50%~75%,运营维护成本降低80%~90%。因此,快速公共汽车交通能很快形成网络,扩大公交骨干网络的覆盖面。

第二章

城市快速公共汽车交通系统规划

第一节 城市快速公共汽车交通系统规划的目标与层次

一、BRT 系统规划的概念

规划是指在一个特定的目标下选择的解决手段,广义的规划还包括目标的选定,即政策的拟订。

BRT 系统规划是指根据城市发展规模、用地布局、道路网规划、公共交通规划(包括轨道交通规划),在城市客流预测的基础上,确定城市主要客流走廊,布设 BRT 线路,确定相应的专用道形式、配车类型和数量、换乘枢纽和场站设施用地等,并对收费系统、交叉路口交通控制信号优先、站点周边土地开发、公交管理政策等提出建议。

目前,我国正处于城市—城市交通—城市公共交通系统的迅速发展时期。BRT 作为一种新兴的公共交通方式,将在今后的公共交通系统中发挥重要作用。但它作为三层规划系统中的底层系统,不但受到两个上层系统的制约,还受两个同等级层面的影响,从而增加了目标分析的范围和难度,如图 2-1 所示。我国过去的城市总体规划—城市交通规划自上而下的规划模式已难以适应日益活跃的各系统和不同地域、不同发展阶段的要求,因而提出了总体规划与交通规划相互协调的规划模式,并推广到与城市公共交通规划和 BRT 系统规划的协调。

二、BRT 系统规划的目标、层次

规划的内涵和外延都是广泛和灵活的,规划的目标也是多样的。在

国外,涉及交通规划的有关条文一般以指南或手册的形式提出,而很少有规范这一概念。

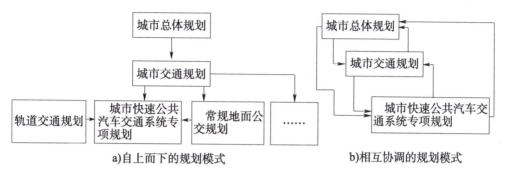

图 2-1　三层规划模式

BRT 系统规划的目标一般为以下 2 个方面:

(1)建立 BRT 系统。

(2)作为解决城市交通问题的关键途径。

目标分析是规划中的重要内容。特定城市的 BRT 系统规划需要根据城市的特点和性质确定规划的目标。

BRT 系统规划一般可划分为以下 2 个层次:

(1)城市(道路)交通规划中的 BRT 规划。作为上层系统规划(城市交通规划)的一部分内容,一般属于狭义规划概念的范畴。

(2)独立的 BRT 系统规划。一般属于广义规划概念(城市交通规划)的范畴。

第二节　城市快速公共汽车交通系统规划框架及内容

一、规划框架

完整的 BRT 系统规划框架包括从规划目标分析、规划主体流程设计、规划主体内容设计、规划检验到规划实施的全过程。其中规划的主体部分又包括交通调查、综合分析、方案设计和方案评价 4 个步骤,如图 2-2 所示。

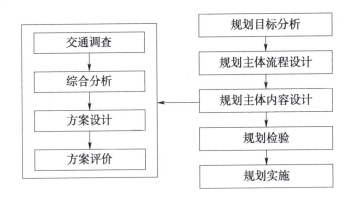

图 2-2　BRT 系统规划框架

二、规划内容

BRT 系统规划主体的主要内容包括:

(1) 交通调查与分析;

(2) 模型与需求预测;

(3) 发展战略及功能定位;

(4) 网络布局;

(5) 运营组织;

(6) 车道布设与车站选型;

(7) 枢纽场站;

(8) 智能交通系统;

(9) 与其他交通方式衔接。

BRT 系统专项规划技术路线图如图 2-3 所示。

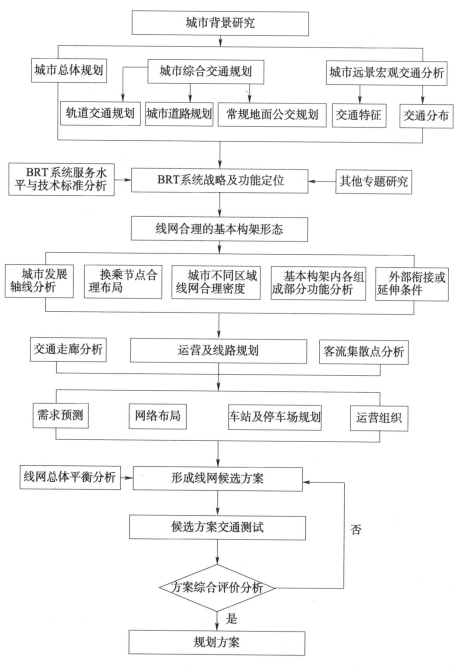

图 2-3　BRT 系统专项规划技术路线图

第三章

城市快速公共汽车交通系统交通调查与需求预测方法

第一节　城市快速公共汽车交通系统交通调查与分析

对 BRT 系统规划区域的交通需求特征、交通系统及关联设施、道路交通流特性等进行调查,是制订科学合理规划的基本前提和重要环节。其中,调查资料是否全面、准确、真实,将直接影响交通预测精度及现状分析评价的准确性,进而影响 BRT 线网规划的合理性。科学有效的数据分析方法既能提高数据分析精度、提高工作效率,又能保证数学建模的准确性。

一、数据调查内容

进行 BRT 线网规划所需数据与城市公共交通线网规划数据类似,主要包括:城市社会经济基础资料、城市土地利用基础资料、城市居民出行起讫点(简称 OD)、城市流动人口出行 OD、机动车出行 OD、城市公共交通现状、城市道路交通流量以及城市道路设施等方面的数据和基础资料。

1. 城市社会经济基础资料调查

(1)人口资料:城市人口总量,各交通小区人口数量、年龄、性别、职业结构、出生率、死亡率以及人口机械增长率。

(2)国民经济指标:国民收入、各行业产值、人均收入、产业结构等。

(3)运输量:客货运历年运输量、各运输方式比例等。

(4)交通工具:交通工具的种类及保有量。

2. 城市土地利用基础资料调查

(1)土地利用性质:各社区土地使用性质及面积。

(2)就业岗位数:全部社区或典型社区的就业岗位数。

(3)就学学位数:全部交通小区或典型交通小区的就学学位数。

3. 城市(流动)居民出行 OD 调查

城市(流动)居民出行 OD 调查是了解城市(流动)居民出行信息的重要手段,对了解城市(流动)居民出行规律至关重要。

4. 机动车出行 OD 调查

(1)公交车辆:行车路线、发车频率及周转时间等。

(2)社会车辆:车辆类型、起讫点、出行时间、出行距离以及载客情况等。

5. 城市公共交通现状调查

(1)针对公共交通运营企业的调查:企业运营发展状况调查、车辆发展状况调查、营运线路发展状况调查、站点覆盖率调查、场站情况调查等。

(2)针对城市居民的调查:通过问卷调查,了解公共交通存在的问题以及对公共交通的意见和建议等信息。

6. 城市道路交通流量调查

(1)机动车流量:分车型、分时段的道路交通量。

(2)交叉路口机动车流量:分车型、分时段、分方向的交通流量。

(3)路段非机动车流量:路段各个时段的非机动车流量。

(4)交叉路口非机动车流量:分时段、分方向的各交叉路口非机动车流量。

(5)核查线流量:尽可能利用天然障碍设置核查线。

7. 交通设施调查

(1)道路:路段等级、车道数量、非机动车道宽度、机动车与非机动车分隔方式、长度、交通管理、公交专用道等。

(2)交叉路口:交叉路口类型、位置、控制方式、是否公交优先等。

(3)停车场:现状及规划公交停车场、首末站位置、形式、面积等。

二、数据采集方法

数据采集方法多种多样，主要以满足 BRT 线网规划研究需要来确定。通常情况下，现有交通系统及其影响与资源等方面的数据可以通过相关部门搜集获取。交通需求与交通流涉及的相关现状数据需通过调查获取。

调查工作主要分为 5 个阶段：前期策划阶段、实施准备阶段、正式调查阶段、数据整理阶段、样本数据分析阶段。具体调查流程如下：

(1) 成立专门机构统一负责。居民出行调查是一项涉及面十分广泛的社会性调查，必须成立专门的机构组织协调各方面的工作。

(2) 资料准备。在调查前应全面收集调查区域内人口分布、土地利用及城市道路等方面的基础资料。

(3) 编制调查技术方案。技术方案主要包括调查表格设计、交通小区划分、录入程序编写、抽样率及抽样方法的确定等。

(4) 宣传。充分利用电视、报纸、广播、网络等媒体以及宣传单、条幅等进行调查宣传工作，向市民通告调查日、调查目的及主要调查内容等，以争取市民配合。

(5) 物品准备。从被调查的居民和调查员的需求出发，为调查员准备调查证件、文件夹、调查问卷等必需用品。调查物品应方便携带，以方便调查员用最短的时间和最简单的方式顺利完成调查工作。为使市民积极配合，可准备赠品或纪念品以示感谢。

(6) 制订调查计划。结合调查样本量、调查样本分布情况、调查员数量和分布，制订每天的调查计划及调查员任务分工。

(7) 调查培训与试调查。对调查员进行培训，培训结束后组织调查员进行试调查。每位调查员至少成功入户调查 1 户家庭，并及时解决试调查中遇到的问题,以及对技术问题进行修正。

(8)全面实施调查,在调查日统一实施。

(9)调查问卷回收与质量控制。调查员完成调查问卷后,各交通小区负责人进行问卷检查签字以及电话回访,确认合格后,按交通小区进行回收。

(10)调查数据录入及处理。将调查数据录入计算机,并对数据进行初步的统计分析。

其中,调查技术流程如图3-1所示,交通调查工作流程如图3-2所示。

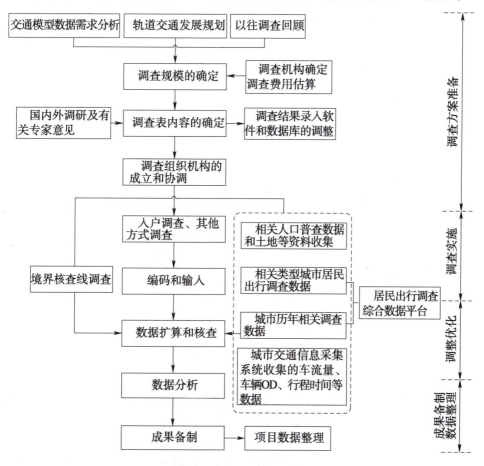

图3-1 调查技术流程图

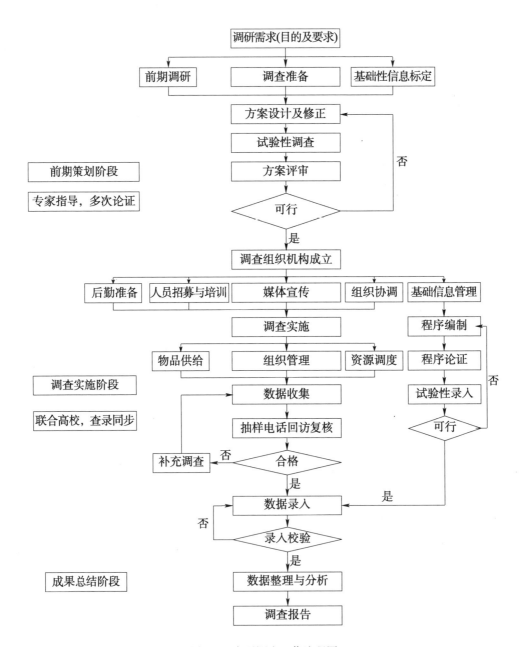

图 3-2 交通调查工作流程图

三、数据分析方法

1. 数据处理

1) 初步整理

OD 调查的数据量大,资料整理与分析的工作量繁重,须借助计算机完成。为便于计算机的处理,首先要对回收来的大量调查表进行几项初步整理工作:

(1) 数据验收。检验数据的完整性和连贯性,将有明显错误的表格剔除,对有疑问的表格进行核对补查,进行数据逻辑性检验等。

(2) 编码。为了便于录入和处理,要将文字信息进行编码处理。如将交通小区、出行方式、车型等相应地变成分区码、方式码、车型码等。

(3) 扩样。为了调查实施的可行性,一般采用抽样调查,因此建模数据需要将各类小计后的数据以分区为单位进行扩样。扩样系数见式(3-1)。

$$F = \frac{Z}{S-d-n} \quad (3-1)$$

式中:Z——交通小区内总体容量(通常为交通小区人口数量);

S——样本容量;

d——回收样本中无效的样本数;

n——未回收到的样本数。

2) 调查数据库设计

利用 SQL server、Access 等数据库进行逻辑设计、安全性设计、关系设计、冗余设计等数据库的建立工作。编制录入和数据库前台管理程序,将整理后的调查表数据录入数据库,进行数据校核、处理和计算。

3) 调查数据与地理信息的结合处理

借助 GIS 软件构建基础地理信息系统,主要包括城市道路网络、公交线路站点系统、交通小区、用地性质、人口分布等信息。将调查数据与地理信息数据结合,便于进行数据的空间布局分析,为城市交通建模提供空间数据支持。

2. 调查数据质量评判

交通调查通常包含抽取样本、实施调查、样本放大、统计分析、数据处理等工作阶段,是一个从总体到样本,再从样本到总体的过程。在这个工作过程中,难免出现各种误差,如果误差小于5%,表明调查符合要求;如果误差在5%~15%之间,基本可接受,但须调整;当误差大于15%,则说明原来的调查有误,或者所进行的调查分析的工作过程有误,应该检查返工。

调查质量核查评判的方法主要有3种:核查线及封闭曲线法、抽查法、互相核对法。

1)核查线及封闭曲线法

在居民出行调查中,根据核查线及封闭曲线调查获取的相关数据与家庭访问调查所得的机动车在该路段上的分配量进行比较分析。

2)抽查法

对某些调查项目在个别分区另选样本再次进行调查,此时样本率应该定得高些,如25%。然后放大至总体,比较两者结果数据误差的大小。

3)互相核对法

如果不同调查项目包含同一个指标,则可以对这个指标进行比较,以确定调查的质量。例如,从居民出行的调查可以统计出某两个分区之间乘公交车的人数,而公共交通的调查可以直接得出这个指标值,可将两者进行比较。

3. 数据初步分析

1)初步分析结果

对以上各项居民出行调查、交通流量调查、车速调查、公共交通调查内容分别提出相应的计算分析结果。

(1) 各交通小区的出行发生量,以及出行发生量与主要相关因素的关系,如居民出行量与职业、年龄、收入、交通小区的用地模式等因素之间的关系。

(2) 出行分布,即各交通小区之间的出行量,对某些项目还要得出分方式、分目的的出行分布情况,如居民出行采用各种交通方式的分布情况。

(3) 出行时间和距离,从而也就可以得出出行速度等信息。

(4) 交通流量的时空分布,即各种交通方式的时间分布和空间分布分析。

(5) 车速的时空分布,即调查车速的时间分布以及空间分布分析,空间分布可以借助 GIS 软件完成。

(6) 公交客流分析,主要包括单条线路以及整体网络空间客流量分布分析,公交运力分析,公交车速及延误分析,公交客流时空分布分析,发车频率的可靠性分析,以及公交满意度评价分析等。

2) 直观表达形式

(1) 期望线图:通常按照城市特征划分交通中区或大区,根据数据分析交通中区或大区之间的交通量分布情况。

(2) 统计图:用立柱体表示各分区中的出行发生量及吸引量。

(3) 相关曲线:主要用于不同数据之间的相关关系分析。例如,分析影响 OD 出行量的因素有出行距离、时间、出行方式、气候等,在客流中还有年龄、性别等因素。根据调查资料可以整理出不同因素与 OD 出行量的相关关系。

(4) 空间网络分布图:借助 GIS 地图,制作空间分布图,进行行驶车速的空间布局及相关网络分析。

第二节　基于交通规划模型的客流需求预测方法

交通模型是 BRT 规划研究中极为重要的一个技术分支,是交通分析的手段,是制订 BRT 发展战略、对策和规划方案的基础,是辅助交通决策者和交通专家对项目投资和决策做出科学、合理决策的重要工具。

一、交通建模方法概述

交通模型是交通规划的重要工具。交通建模的方法是:通过对城市交通和总体规划、社会经济等资料的收集和分析,借助交通规划软件,利用一定的建模策略和方法构建交通模型,并借助模型进行 BRT 规划研究。交通建模的主要工具包括 Emme/3、Cube/Trips、Visum 以及 TransCad 等。

二、基于模型的客流预测方法步骤

1. 交通建模流程

通常 BRT 线网规划是运用定量分析的方法对交通量进行科学的预测,为规划提供切实依据。交通模型的开发研究是客流预测的基础。交通模型的实质就是利用现状调查的大量数据,通过统计学和其他数学处理方法归纳出经验公式。通常采用国际上通用的交通规划"四步骤"定量预测方法,建立交通需求预测模型,建模流程如图 3-3 所示。

2. 道路网络构建

道路网络是交通建模的基础,是交通分配中进行路径选择的必要条件,由节点和路段组成。部分路网示意图如图 3-4 所示。

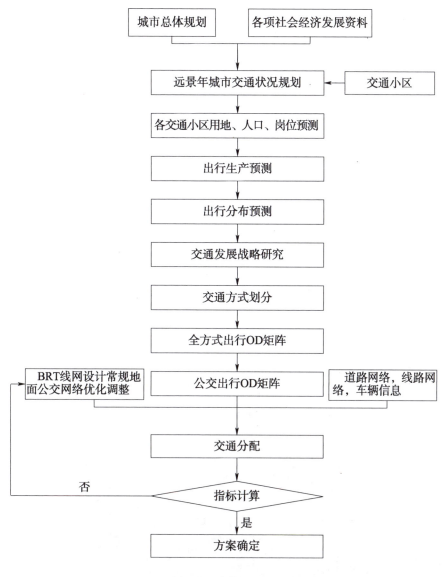

图 3-3 建模流程图

3. 交通小区构建

按照交通小区划分原则划分交通小区,并对交通小区进行数据统计分析。

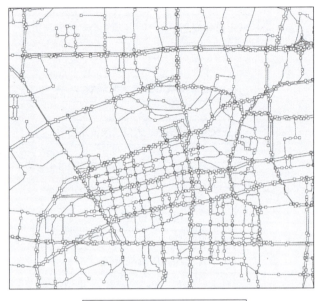

○—道路节点　——基础道路

图 3-4　部分路网示意图

1) 交通小区形心构建

在交通建模的过程中,通常将交通小区信息最终抽象为交通小区形心信息,并以交通小区形心信息为图形数据,连接相应的属性数据,代表交通小区信息,如图 3-5 所示。

图 3-5　交通小区形心标定

2)形心连杆创建

交通小区形心创建完成以后,需建立交通小区形心与周边道路的联系通道,即形心连杆,如图3-6所示。

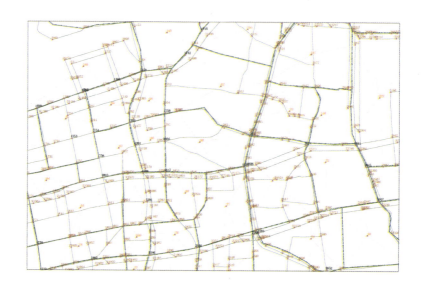

图3-6 交通小区形心到路网的连接(粉色线条)

4. 公交网络构建

1)公交站点

公交(含轨道交通、BRT、常规地面公交等)站点信息采集,可以通过GPS进行实际调查定位,借助转换软件进行数据转换后导入地理信息系统,获得准确的公交站点地理坐标位置,如图3-7所示。

上述站点位置的绘制与修正均借助GIS软件完成。所确定的是相对准确的位于道路两侧的站点的地理位置。在交通模型中,由于道路网只是由线段和节点组成,因此站点的表现形式为节点,并与作为路段的线段直接相连。模型中的站点表现形式如图3-8所示。

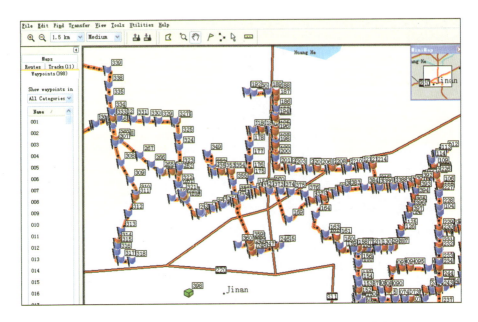

图 3-7　借助 GPS 定位公交站点位置(蓝旗为公交站点,红旗为道路交叉口)

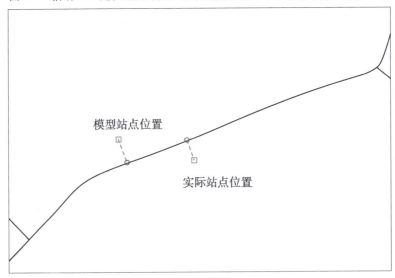

图 3-8　模型中站点位置构建

2)公交线路

公交线网的基本要素由弧段和节点组成。由于线网是在道路网的基础上建立的,公交网络的建立不仅要表现公交线路与站点的关系,还要表现出公交网络与道路网络的关联关系。

5. 公交配流技术

在模型中,公交配流是利用函数作为分配原则来进行的。

1) 标定 TTF 函数

为了体现公共交通与其他交通方式在路径分配上的相互影响效果,应该计算出一个可以反映不同时段内公交车运行情况与小汽车运行情况相互关系的函数,即公共交通 TTF(Transit Time Function)函数。

2) 构建广义出行费用函数

乘客的出行选择基于广义出行成本,即将乘客出行的时间、费用统一转换为时间价值。其中,小汽车和公交出行的广义成本分别见式(3-2)和式(3-3)。

$$小汽车广义出行成本 = a \times 车内时间 + b \times 步行时间 + c \times (每公里折旧成本 + 每公里年票成本) + d \times 燃油成本 \times 出行距离 \quad (3-2)$$

$$公交出行广义成本 = e \times 乘客出行费用 + f \times 车内时间 + g \times 候车时间 + h \times 步行时间 \quad (3-3)$$

式中,a、b、c、d、e、f、g、h 均为权重。

三、模型中对 BRT 网络的处理

(一) BRT 网络处理

1. BRT 道路网

因为 BRT 线路通常具有独立的专用路权,并且在购票方式、换乘优惠等方面与常规地面公交有所不同。因此,通常在模型中建立逻辑上独立的 BRT 网络。

BTR 网络基础道路网的构建需位于 BRT 沿线,与普通道路完全不相交且只在 BRT 站点留有节点,如图 3-9、图 3-10 所示。

图 3-9　BRT 道路网络构建

图 3-10　BRT 道路网络构建细部

2. BRT 站点连杆

由于 BRT 道路与普通道路完全立交,没有任何连接,因此需要在 BRT 站点与普通道路节点间增加连杆,作为乘客进出 BRT 站点的通道。为区分 BRT 站点连杆与普通路网,可以进行特定的属性设置,如图 3-11 所示。

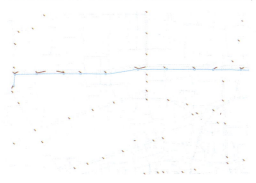

图 3-11　部分 BRT 站点连杆(红色)

3. BRT 线网

BRT 线网的构建,通常沿 BRT 道路布设。在开放式 BRT 线网中,在常规地面公交专用道运行的路段可以沿 BRT 道路走廊,也可以沿普通道路走廊,由设定参数的方便性决定。

BRT 站点位置通常根据城市道路两侧用地进行规划设计,模型中抽象为节点。

(二)BRT 阻抗函数设定

在初期 BRT 网络设计时,通常采用设计时速标定 BRT 线路的阻抗,一般为一个统一的值。在开放式路段可以沿用常规地面公交的阻抗函数设定。

(三)BRT 票价设定

BRT 系统的票价制订直接影响乘客的选择意向,从而影响线网 OD

分配结果。常见票价设定类型如下：单一票价、分区票价、换乘优惠或免费、按距离收费等。

1. 单一票制

BRT 线路在模型的属性中输入实际票价即可，同时将票价通过时间价值统一转换为广义时间成本，结果见式(3-4)。

$$乘客出行费用 = 票面价值 \times 公交时间价值 \quad (3-4)$$

2. 分区票制

BRT 车费跟初始上车和最后下车站点有关，所付车费由起讫点决定而不是由线路决定。

通常分区票制在公交分配中建模，借助 OD 费用矩阵实现，见表3-1。

OD 费 用 矩 阵　　　　　　表3-1

交通小区	1	2
1	1.5	2.25
2	2.25	2.5

3. 换乘优惠或免费

1)换乘优惠

首次乘坐 BRT 付全额车费，后续乘车时车费打折，鼓励换乘。在模型中可以借助 OD 费用矩阵来实现。

例如：设定首次乘车费用 1 元；一次换乘费用 0.75 元。时间价值为 1 元 = 5min。

计算经过优惠的实际所付车费见式(3-5)：

$$Mfdtfare = [1 + (\text{"nbdisc"} - 1) \times 0.75] \times (\text{"nbdisc"} > 0 \,\&\&\, \text{"nbfull"} > 0) \quad (3-5)$$

式中：Mfdtfare——经过优惠后实际车费矩阵；

　　　nbdisc——假定上车付费全部为 0.75 时的存储矩阵单元；

nbfull——假定上车付费全部为1时的存储矩阵单元。

2）换乘免费

首次乘坐BRT付全额车费，在给定的集合线路间免费换乘。在模型中需要做以下处理：

（1）对不同网络层次进行区别编码；

（2）用辅助的公交路段连接各层网络；

（3）用节点和线路具体的上车时间组合计费。

4. 基于距离计费

1）等距递增票价

乘坐BRT车费跟出行距离直接相关，但主要跟上下车站点相关。票价转换为模型使用的广义时间成本概念的函数见式(3-6)。

$$乘客出行费用 = a \times 出行距离 + b \quad (3-6)$$

式中：a、b——相关参数。

2）分段票价

BRT车费跟出行距离有关，是一个阶梯函数，即每公里车费。短途旅行值比较高，但随距离增加而减少，见表3-2。

基于距离的费用设定　　　　表3-2

距离（km）	费用（元）
0~1	1.50
1~3	2.00
3km以上	2.25

分段函数计算实际车费见式(3-7)。

$$mfsbfare = 1.5 \times (\text{"dist"} < 1) + 2 \times (\text{"dist"} \geq 1 \text{ and. "dist"} \leq 3) + 2.25 \times (\text{"dist"} > 3) \quad (3-7)$$

式中：mfsbfare——票价矩阵；
　　　dist——距离，km。

四、客流分布校验

模型校验是保证交通模型建立的可靠性及模拟现实的真实性的关键步骤之一。通常情况下，交通模型建成后，需采用一系列调查值与模型分配结果值进行回归分析，检验模型的可靠性。检验值与调查值的拟合程度越高，表明模型精度越高。

（1）交通分布校验：按照一定的原则，将研究范围划分区域核查线，校验通过核查线的交通量分布。

（2）出行时间校核：通过模型得出出行者的平均出行时间，并与调查值进行校验。

（3）路段流量校验：选取关键路段，对调查值与模型分配结果进行校验。

（4）线路运量校验：利用模型中的线路运量与调查值进行校验分析。校正后路段分配流量与观测流量拟合图如图3-12所示。

五、客流预测分析

1. 客流预测结果

借助模型软件进行交通分配后，可以得到每条线路的配车类型、发车间隔、单向平均运行时间、平均载客量、乘客平均运行距离、乘客平均运行时间、平均满载率、最大满载率、平均满载人数、最大满载人数以及每个站点的上下客人数等。图形表现形式如图3-13所示。

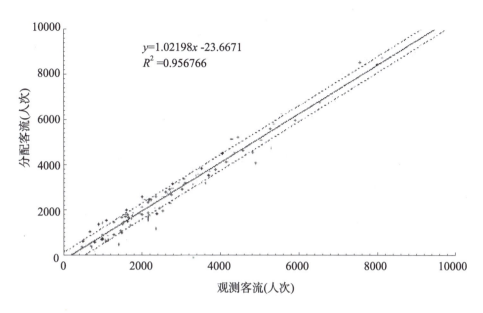

图 3-12　校正后路段分配流量与观测流量拟合图

图 3-13　路段断面人数及上下客人数示意图

2. 客流预测分析

在 BRT 规划初期,借助规划软件对地面公交进行网络、走廊及线路的运营特征分析,进行客流预测,辅助进行 BRT 走廊的选取及线路的规划。

1) 网络分析

从地面公交线网及站点的布局出发,进行地面公交网络分析,获取地面公交线网与城市道路布局的匹配程度,网络覆盖率情况(图 3-14、图 3-15),地面公交线网的重复系数,路段线路密集程度,以及公交站点覆盖率等,为现有公交网络分析及 BRT 规划走廊选取提供直观、可靠的图形信息支持。

图 3-14 地面公交线网覆盖率

图 3-15 局部地面公交线网分布图

2) 客流需求

根据调查数据,建立交通模型,获取地面公交出行起讫点矩阵。分析各交通小区总的出行量及吸引量分布情况(图 3-16),单个交通小区的吸引量的分布情况或发生量的分布情况,以及近期或远期公交乘客的出行期望(图 3-17)等信息,为 BRT 线路走向规划提供判断依据。某小区的到达乘客分布情况如图 3-18 所示,其中黄色星状为乘客到达小区,红色饼状为乘客从小区出发数量体现。

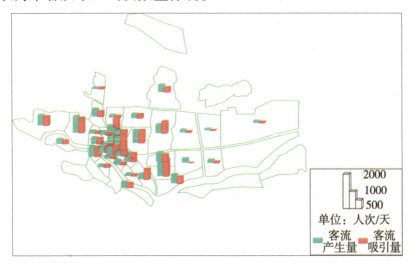

图 3-16 各交通小区的出行量与产生量分布图

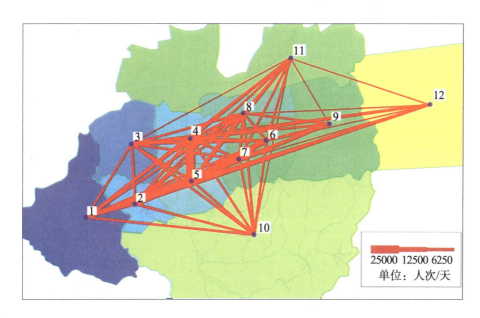

图 3-17 地面公交乘客大区 OD 期望线图

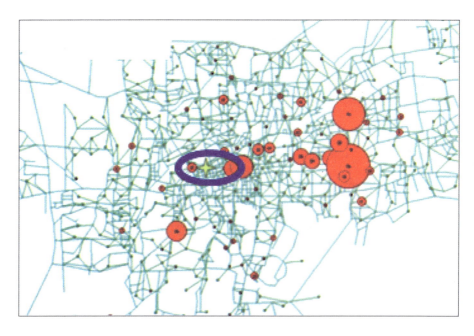

图 3-18 某小区的到达乘客分布情况图

3）客流分布

进行网络客流的分布展示，从而分析在各条路段的断面客流分布信息、各个站点所有线路总的上下客量及换乘客流分布信息，为进一步掌握客流的分布提供图形数据支持，如图3-19所示。

图3-19 地面公交网络客流断面及上下客分布图

4）走廊分析

选择某条走廊进行客流需求分析，获取走廊上客客流、下客客流、通过性客流分布情况，从而进一步掌握该走廊的客流特征及需求，为BRT线路规划提供参考。图3-20、图3-21分别为广州中山路上午上车客流、济南经十路高峰小时通过性客流的分布情况。

5）线路分析

分析线路的上下客量、断面分布情况（图3-22），客流流向信息（图3-23），及某客流集中站点的出行期望情况，进行客流交替系数、车公里载客人数等相关参数计算,获取线路走向与客流需求的匹配程度,为设计人员规划BRT线路走向提供判断依据。

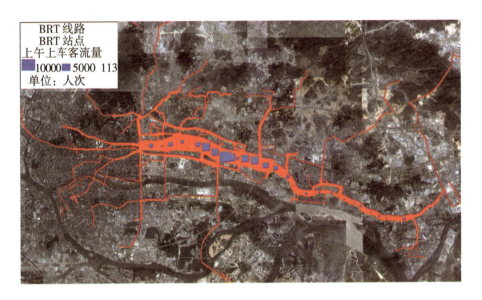

图 3-20　广州中山路上午上车客流的分布

图 3-21　济南经十路高峰小时通过性客流的分布

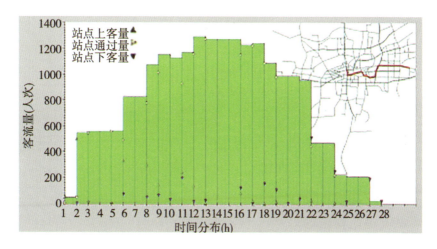

图 3-22　某规划线路的上下客流及断面分布情况

图 3-23　某线路高峰小时客流断面及客流流向分布图

第四章

城市快速公共汽车交通线网规划方法

第一节　城市快速公共汽车交通线网规划流程

一、快速公共汽车交通线网规划思路及基本内容

1. BRT 线网规划思路

BRT 线网规划首先依据城市现有城市轨道交通网、BRT 的发展目标和原则以及现有公交的运营模式,结合城市交通模型,获取 BRT 的客流需求走向。然后考虑 BRT 线网布局与城市规划的相关因素,进行定性分析,形成 BRT 线网的若干备选方案,然后对方案进行比选评价,形成最终优化方案。BRT 系统规划技术路线如图 4-1 所示。

2. BRT 线网规划基本内容

在客流预测的基础上,结合土地利用、道路条件确定 BRT 走廊,并进行线网规模匡算,主要内容包括以下方面。

1) BRT 客流需求走廊生成

BRT 客流需求走廊生成,采用传统的"四阶段法"预测交通需求,结合规划区公共交通线网,计算出规划年各条公交道路的交通流量。最后,通过对比指标,初步判别出满足建设 BRT 走廊条件的道路。

2) BRT 线网规划方案生成

综合分析城市用地规划、道路条件、轨道交通规划等 BRT 线网规划的外部影响因素后,根据 BRT 需求走廊,形成 BRT 线网规划的初步方案。

3) BRT 线网方案综合评价

BRT线网方案综合评价是指根据城市的形态及预测的线网客流量,对设计的多种BRT网络布局方案进行网络形态及交通质量等多方面的评价,进一步分析改善规范方案,进而得出推荐性远期线网总体规划方案。

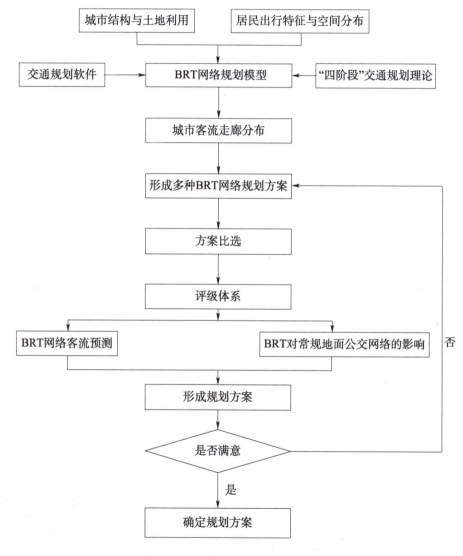

图 4-1　BRT 系统规划技术路线图

二、快速公共汽车交通线网规划的影响因素

BRT线网布局的影响因素很多,主要包括客流需求、道路条件、与其他交通方式衔接、外部基础设施、公共交通政策、线网规模约束等。

1. 客流需求方面

BRT线网规划客流需求方面考虑的要素主要包括乘客出行量、出行分布和出行路径。一般情况下,客运需求量越大,所需BRT线网的客运能力越大。所以,理想的BRT线网布局应具有服务范围广、非直线系数小、出行时间短、直达率高(换乘率低)、可达性强等特点。

2. 城市道路条件方面

城市道路是BRT线网布局的基础和前提。BRT线网的设置要综合考虑道路几何线形、路面条件等因素。道路条件差,如转弯半径小、坡道陡长、路面负荷有限、路面宽度不足等,则不适合布置BRT线路。因此,在进行BRT线网规划之前,首先将所有适合建设BRT线路的道路定义为BRT线网规划的"基础路网",然后将BRT线路布置在选定的"基础路网"之上。

3. 与其他交通方式衔接方面

城市交通是由多种交通工具组成的系统,乘客的每次出行都是由多种交通方式完成。因此,交通工具间的相互转换是不可避免的,尤其是在城市公共交通方面。换乘方式主要有停车换乘和乘车换乘两种,停车换乘也叫"P+R"方式换乘;乘车换乘指从一条线路的公共交通工具换乘到另一条线路的公共交通工具。

BRT作为公共交通系统的一部分,在线网规划时应遵循换乘过程连续、友好、紧凑、通畅的原则,与其他交通方式紧密结合,以方便乘客换乘,发挥系统的最大效用。

4. 其他方面

除上述影响因素之外,其他因素也存在一定的影响,如场站条件、BRT 车型、相关主管部门政策因素、线网规模约束、投资力度、企业营运的既成范围、经济和文化因素等。

第二节　城市快速公共汽车交通线网规模匡算

BRT 线网规模的匡算是为了从宏观上确定对象城市 BRT 线网的建设规模,并以此作为 BRT 线网规划和分析的参考数据,判断线网合理规模的上下限。主要采用的方法有线网密度匡算法和公交需求量匡算法。

一、按线网密度匡算

一般情况下,轨道交通站点的吸引半径为 650～800m,常规地面公交站点的吸引半径在 500m 以内。BRT 客流量处于轨道交通与常规地面公交之间,故假设 BRT 的吸引半径为 500～650m,考虑自行车及其他交通方式的换乘,BRT 的吸引半径可取值为 1500m。综合上述分析,BRT 线网密度见式(4-1)。

$$\frac{2R}{\pi} \cdot R^2 = 0.42 (\text{km}/\text{km}^2) \qquad (4\text{-}1)$$

式中:R——吸引半径,km。

BRT 线网总规模见式(4-2)。

$$L = \rho s \qquad (4\text{-}2)$$

式中:L——BRT 线网总规模,km;

ρ——BRT 线网密度,km/km^2;

s——可建设用地面积，km^2。

二、按公交需求量匡算

按公交需求量匡算的主要影响因素有城市出行总人次、公交出行比例、公交换乘次数和公交主通道的负荷强度。计算公式见式(4-3)。

$$L = \frac{G \cdot P_1 \cdot \alpha \cdot P_2}{F} \qquad (4-3)$$

式中：L——BRT线网总规模，km；

G——规划年城市出行总人次，万人次；

P_1——规划年城市的公交出行比例，%；

α——公交换乘次数，次；

P_2——规划年公交骨干方式占公交客运量的比例，%；

F——公交骨干通道的负荷强度，万人次/km。

第三节　城市快速公共汽车交通线网规划方法

一、BRT走廊的选取

BRT走廊的选取，受道路交通状况、公交客流情况、道路条件、周边环境以及政治因素的多重影响。城市交通主要解决的问题是人和物的移动，所以对城市交通起决定性影响作用的是公交客流情况和道路条件。

1. 选取BRT走廊的客流需求条件

客流需求是BRT系统规划、设计、运营的基础，是BRT走廊选择的关键因素。因此，BRT走廊应尽量选择在具有大量客流需求的道路上或附近，以满足和方便居民出行需求，提高城市客运效率。

客流需求预测多采用第三章中阐述的理论方法，推算道路的公共交通客流流量，识别 BRT 客流需求走廊。根据北京、济南、广州、乌鲁木齐等城市 BRT 走廊建设经验可知，一般情况下，单向高峰小时断面公交客流在 3000~5000 人次，或者单向高峰小时客流达到 8000~20000 人次的客流走廊，可考虑建设 BRT 系统。

广州 BRT 高峰小时断面客流或单项高峰小时客流明显高于其他三个城市，见表 4-1。原因在于，广州 BRT 站台有多组停靠泊位，站台处设有超车道，所有途径中山大道的公交车辆均进入 BRT 走廊停靠。由此可以看出，采用多泊位停靠、站台处设置超车道及整合途径公交线路，可以增大 BRT 走廊的断面客流量，满足居民快速出行的需求。

已建设 BRT 城市的通道客流情况　　　　表 4-1

城　市	高峰小时断面客流(人次)	单向高峰小时客流(人次/h)
北京	8000	9400
济南	4000	10000
广州	26900	21000
乌鲁木齐	5000	15000

2. 选择 BRT 走廊的道路条件

BRT 的快速、准时是区别于常规地面公交的重要特征，是吸引大量客流的重要条件。BRT 能否实现快速、准时运营，取决于道路条件、BRT 行车环境、交叉口通行能力等影响因素。

1）道路等级

根据我国城市道路分类标准，可将城市道路分为快速路、主干路、次干路和支路。不同等级道路的设计车速、道路宽度、交叉口控制形式等外界影响因素，决定着 BRT 的运营速度，见表 4-2 和表 4-3。

我国城市道路网规划指标　　　　　　　　　　表 4-2

项　目	城市人口 （万人）	快速路	主干路	次干路	支　路
机动车设计 速度(km/h)	>200	80	60	40	30
	≤200	60~80	40~60	40	30
道路网密度 (km/km²)	>200	0.4~0.5	0.8~1.2	1.2~1.4	3~4
	≤200	0.3~0.4	0.8~1.2	1.2~1.4	3~4
道路宽度(m)	>200	40~45	45~55	40~50	15~30
	≤200	35~40	40~50	30~45	15~20

我国大城市道路交叉口形式　　　　　　　　　　表 4-3

相交道路	快速路	主干路	次干路	支　路
快速路	A	A	A,B	
主干路		A,B	B,C	B,D
次干路			C,D	C,D
支路				D,E

从表 4-2 和表 4-3 中可以看出，快速路和主干路由于设计车速较高，道路宽度较宽，交叉口多采用立交和拓宽式信号控制交叉口，因而受外界影响较小。少数的几个平面交叉口通过信号优先、禁左等措施，即可实现 BRT 快速、准时的运营要求。次干路虽道路宽度较宽，但由于其属于城市集散性质道路，平面交叉口较多且受其他交通影响较大，支路更甚，难以支撑 BRT 运营的快速、准时要求。

综上所述，为保证 BRT 快速、准时运营的要求，BRT 走廊应选择在城市快速路或主干路。次干路在保证信号优先，或设计线路大部分运行在快速路或主干路时也可建设 BRT 系统。支路在满足封闭运营和信号优先的情况下，方可建设 BRT 系统。

例如：济南 BRT 建设在北园大街、历山路、二环东路等城市快速路和主干路,北京建设在南中轴主干路,广州 BRT 走廊建设在城市主干路中山大道,如图 4-2 所示。

图 4-2　BRT 走廊

2) 道路车道及路网布局

(1) BRT 的快速运行是其主要特点之一,实现快速的保障是拥有独立的运行空间,这就需要占用一定的道路资源,必然会对社会车辆产生影响。如何解决这个矛盾,需要考虑城市道路的车道数和路网布局情况。根据世界城市 BRT 的建设经验总结,满足以下情况时可以考虑建设 BRT 走廊。

(2) 当道路只有单向一车道时,周边有平行道路能够满足社会车辆的交通量。

(3) 当道路有单向两车道以上时,开辟 N 条 BRT 专用道后,剩余每条机动车道承担的交通量小于等于一条车道的通行能力,或相邻道路可以承担该条道路的剩余交通量。

(4) 一般情况下,双向六车道以上的路段以及高架桥下比较适宜开设 BRT 专用道。另外，机动车流量比较少的双向四车道的道路，由于机动车数较少，相互影响较小，通过实施公交优先政策，也可以考虑布设 BRT 专用道，比如法国里昂。

3）道路红线控制

BRT 专用道、路中站台、超车道都需占用道路资源，对其他交通系统会造成一定程度的影响。因此，在 BRT 站台处应能够放宽红线控制，合理分配道路资源，降低 BRT 系统对其他交通系统的影响，协调好 BRT 与其他交通系统之间的关系。

3. 选取 BRT 走廊的其他条件

BRT 走廊除受客流需求及道路条件因素限定外，还受城市发展形态、土地利用、经济发展水平、环境保护、轨道交通、交通枢纽等因素影响。

1）BRT 走廊与城市发展

BRT 走廊的选择与城市发展是相互关联的，城市的发展会促进居民出行量的增加和出行质量的提高，从而促进 BRT 走廊的发展。而 BRT 走廊的建设，也会反过来促进区域经济的发展。可见，城市发展形态及规模，在一定程度上受 BRT 走廊建设主导。因此，在现状客流条件不能满足的情况下，也可以通过 BRT 走廊的规划，引导城市的产业布局、土地利用和城市发展形态。

2）BRT 走廊与环境保护

BRT 走廊选择还需要注意对周围环境的保护。BRT 本身就是一种快速、低耗能的公共交通方式，在走廊选定时应注意避开生态环境较好的区域，尽量减少噪声污染对居民区的影响等。

3）BRT 走廊与轨道交通

BRT 走廊选择需考虑城市轨道交通的线路和远期规划线路之间的

关系。在轨道线路无法覆盖或地理条件不允许建设轨道交通的客运走廊上布设 BRT，可弥补轨道交通覆盖率不足，实现 BRT 与轨道交通同步发展，形成互补而统一的大容量快速公共交通网络。

4）BRT 走廊与其他因素

此外还需合理考虑 BRT 与公交枢纽、轨道交通车站的合理接驳。在项目资金不足时，轨道交通建设压力较大，可通过建设 BRT 进行过渡，并预留轨道交通建设用地。远期当 BRT 不能满足运输需求，再改建轨道交通。

二、BRT 线网规划

BRT 线网规划的核心问题在于如何与城市自身特点紧密结合，寻求 BRT 系统与其他公共交通方式之间的合理结构模式，建立一体化的城市交通系统，形成一个布局合理、衔接有序、出行舒适方便、兼顾运营效益、可持续性强的 BRT 系统。

BRT 的线网规划需通过科学的预测方法推算未来的交通需求，从全局和整体的角度，考虑区域经济发展、城市布局、交通发展环境和政策环境等各种因素的影响，满足城市政策、交通和土地使用对 BRT 的发展要求，实现城市发展的综合效益、整体效率和社会资源的优化配置。

在 BRT 走廊选取的基础上，根据 BRT 网络功能的定位和发展目标，确定若干种备选方案。然后再以 BRT 网络的总体发展规模为约束，进一步分析改善规划方案，进而得出推荐性的 BRT 线网总体方案。

（一）BRT 线网布局结构

BRT 作为一种大容量、快速、舒适的公共交通方式，在国内城市相继建设，如北京、广州、济南等。受不同城市地形结构、土地利用情况、道路网布局情况及客流需求的影响，线网结构各具形态，从几何形态上可分为单线式和复线式。

(1) 单线式(图4-3)：指 BRT 走廊内只运行一条 BRT 线路,例如北京南中轴 BRT 线。单线式布线特征与轨道交通相似,主要通道布设在客流走廊上,然后通过大量支线集散客流。单线式的优点在于能够提高通道内 BRT 的运送效率,可以满足 BRT 较高的发车频率,BRT 单车运能效率可以得到充分利用。缺点在于不能充分利用紧张的道路资源,增大乘客的换乘系数。

图 4-3　单线式 BRT

(2) 复线式(图4-4)：指 BRT 通道内可以运行多条 BRT 线路,部分 BRT 可以中途进出走廊,例如广州中山大道 BRT,济南 BRT2,BRT3 号线等。复线式线路具有常规地面公交的特点,多条线路在通道上组合,满足多样式的出行需求。优点在于能够充分利用道路资源,实现零距离换乘,提高乘客出行直达率。缺点在于系统整体运行不稳定,需满足多条线路车辆同时停靠站的要求,占用道路资源较多。

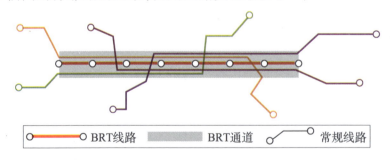

图 4-4　复线式 BRT

复线式结构的 BRT 线网,根据线路特征不同,可以分为以下几种情况。

①A 型(图 4-5):根据城市特征及不同站点客流量的差异,增开不同于常规 BRT 每站必停的线路,此种快速线路只停靠部分客流量比较大的站点。由于停靠站点较少,能有效减少站台延误时间,运行速度和效率得到有效提高。A 型线路比较适用于通道上大部分客流方向一致,部分站点客流较大的情况。

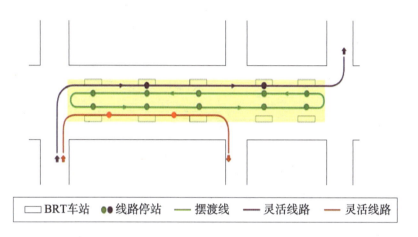

图 4-5 复线式 A 型

②B 型(图 4-6):若干条 BRT 线路公用 BRT 通道,线路停靠每个经过的站点,但每条线路的起终点不同。此种线路方便不同方向 BRT 线路间的换乘,路网覆盖范围广,线路间连通性好,能够有效地集散走廊内外客流,方便乘客快速出行。B 型线路适用于通道内客流方向差异较大,中长期内不宜建设轨道交通,但又必须满足客流需求的城市,如济南、广州等。济南、广州 BRT 线网如图 4-7、图 4-8 所示。

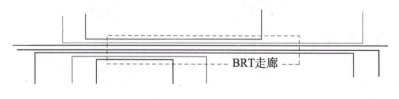

图 4-6 复线式 B 型

图 4-7　济南 BRT 线网图

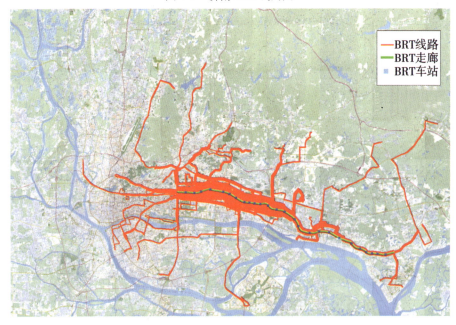

图 4-8　广州 BRT 线网图

③C 型（图 4-9）：为 A 型和 B 型的混合式线路。C 型线路适用于兼具 A 型、B 型特征的情况。

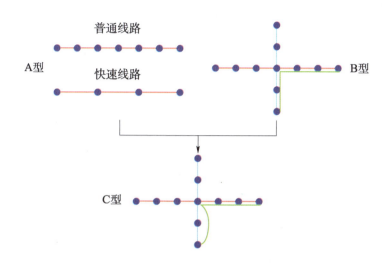

图 4-9　不同类型的复线式线路

（二）BRT 网络布局规划方法

线网布局采取"逐条布设、优化成网"方法，即考虑以直达乘客量最大为主要目标（换乘次数最少、运送能力最大）。通过分析备选线路的起终点位置及客流分布，确定线路的最佳配对及各线路的最佳走向，并满足约束条件。

1. 步骤 1：确定备选线路的最佳走向及直达乘客量

用典型最短路算法（Dijkstra 法）确定各备选线起终点间的最短线路。

2. 步骤 2：直达乘客量矩阵的修正

（1）线路长度限制修正最短限制距离为 5km，最长限制距离为 35km（大城市）。

（2）避免自相配对修正：令 $Z_{ii}=0$ 或 $Z_{ii}=-M(i=1,2,\cdots,n)$，$M$ 为

一正数。

3. 步骤3：优先线路的布设

(1) 计算各备选线路的最大直达乘客量 $Z_{ij}+Z_{ji}$ 值；

(2) 确定最大值 $[Z_{ij}+Z_{ji}]\max$；

(3) 取该最大直达乘客量所对应的备选线路为公交网络中的线路，在线网中按其最短路线布设该路线。

4. 步骤4：乘客OD量矩阵修正

1) 原OD量矩阵中减去已布设线路运送的OD量

(1) 将O点、D点均在该线路上的OD量全部分配在该线路上。

(2) 计算每一断面的总流量（包括已存在的流量）及每一断面的运载能力。

① 若每一断面的运载能力均大于断面流量，则起终点均在该线路上的OD量全部被该线路运送，从OD矩阵中减去各OD量。

② 若某些断面的运载能力小于断面总流量，则该线路只能运送部分OD量，需先计算OD量留剩量，然后从原OD矩阵中减去被运送部分的乘客OD量。

2) 流量分配及断面流量的确定

(1) 总断面流量的计算见式(4-4)。

$$总断面流量 = V_{kl} + Q_{kl} \tag{4-4}$$

式中：V_{kl}——断面$[k,l]$上已存在的乘客断面流量，人次；

Q_{kl}——分配后新增加的断面流量，人次。

(2) 判断断面流量与断面运载能力是否匹配。

① 若两者相差很大，则采用计算的不换乘比重新进行线网规划，直至二者比较接近。

② $V_{kl} + Q_{kl} > C2$（$C2$ 为断面运载能力），则需确定 OD 量的留剩量。

③ $V_{kl} + Q_{kl} < C2$，则各 OD 量的留剩量均为零，该线路上的 OD 量全部由该线路运走。

（3）乘客 OD 矩阵的修正，即原 OD 量矩阵中减去已布设线路运送的 OD 量。

5. 步骤 5：复线系数及运行时间修正

第一条线路的布设全部结束。

6. 步骤 6：在起终点集中，除去已配对的两点，返回步骤 1

对修正后的乘客 OD 矩阵及路段行驶时间，重新确定其余备选线路的最佳走向及直达乘客量，直至全部起终点均被优化配对，形成了一个优化的公交线网。

7. 步骤 7：全规划区乘客不换乘比的确定

公交线网确定后，便可确定该网络的实际不换乘比。

不换乘比 = 各线路直达乘客量总和/全规划区乘客 OD 总量

若计算的不换乘比与采用的不换乘比相差较大，则应以计算的不换乘比重新进行前述网络设计，直至采用的不换乘比与计算的不换乘比接近为止。

第四节　基于城市快速公共汽车交通线网的常规地面公交线网优化

BRT 决定着公共交通的结构和布局形态。当 BRT 作为城市公共交通系统骨架，常规地面公交作为城市公共交通主体，在公共交通系统中，BRT 以其大容量、快速度、准时和高效的优势占据了城市客运交通的主导地位，因此围绕 BRT 调整常规地面公交线路(尤其是 BRT 走廊内的常规地面公交线路)布局,已经成为当前城市公共交通系统发展的客观要求。

一、优化原则与流程

基于 BRT 的线网优化要考虑诸如城市发展要求、客流需求、公共交通网络整体效率与效益的提高、公共交通运营设施与服务系统的整合及协调、公共交通与城市发展之间的关系等要求,遵循以下调整优化原则:

(1)在 BRT 线网沿线,取消与其重合较长的常规地面公交线路,改设在 BRT 交通服务的半径之外,引导平行方向的客流转入 BRT 交通。

(2)在 BRT 局部交通客流较大的沿线上,适当保留与其重复走向的公交线路,使其作为 BRT 的补充,发挥常规地面公交的集散作用,从而增加 BRT 交通的辐射能力。

(3)在具备条件的情况下,尽量调整常规地面公交站点,缩短乘客的换乘距离,实现常规地面公交与 BRT 系统间的无缝换乘。

(4)调整区域公交线网时,要解决该区域短途乘车及周边地区的出行、集散、换乘问题,做到与 BRT 交通的相互衔接、相互补充、合理配置,发挥公交网络系统的运输能力。

基于 BRT 的公交线网优化流程如图 4-10 所示。

二、优化方法

常规地面公交与 BRT 之间存在竞争和依赖关系,因此在对常规地面公交进行优化调整时应从两方面分别考虑。一是对于存在竞争关系的,应取消或调整与 BRT 线路重合较多的常规线路,以利于节省公共资源;二是对于存在相互依赖关系的,为了使其充分发挥集散作用,成为 BRT 系统的有效补充,主要采用对常规线路进行截断和调整站点的方法。具体方法如下。

（1）删除线路：多条常规地面公交线路与 BRT 走向基本重合、功能完全一致的情况，经供需平衡分析，常规地面公交线路客流下降超过 50%，说明此常规地面公交线路完全可以由 BRT 代替。因此，为避免公共资源浪费，同时考虑部分乘客的出行需求，在保证覆盖率的情况下，可以考虑删除与 BRT 重复率在 85% 以上的线路。

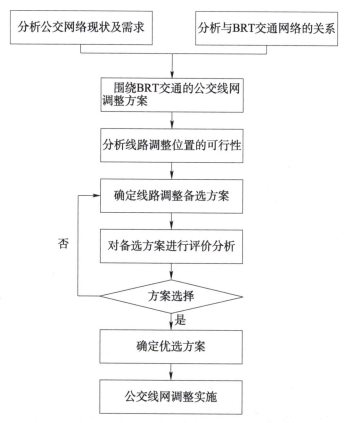

图 4-10　基于 BRT 的公交线网优化流程

（2）缩减线路：与 BRT 重复率在 30%～85% 的常规地面公交线路，经供需平衡分析，常规地面公交线路客流在与 BRT 站点换乘处下降

50%,说明此常规地面公交线路的大部分客流换乘 BRT,可以考虑将此公交线路截断至 BRT 的主要换乘枢纽、场站,使其作为 BRT 的"饲喂"线路,提高线路运营效率,节省运营成本。

(3)调整线路:常规地面公交与 BRT 线路重合距离在 5 个 BRT 站点以上,功能与 BRT 基本一致,经供需平衡分析,常规地面公交线路客流下降 20%~50%,且流失客流主要发生在与 BRT 重合段,可以考虑调整常规地面公交线路的走向。

(4)延长线路:与 BRT 没有接驳换乘点,但有较大的换乘需求,可以考虑适当延长线路,与 BRT 进行接驳,方便乘客进行换乘。

(5)增(保)线路:对于不能满足大量客流需求的 BRT 线路方向,应考虑增加或保留线路,以供市民出行有多种选择。

第五节　城市快速公共汽车交通线网优化方案评价方法

评价是指依据明确的目标确定系统的属性,把这种属性转换成主观价值,并通过评价指标来表达事物的价值的过程。对于 BRT 系统规划的评价是在未来因素不是很确定的情况下,对 BRT 系统规划方案的网络特性、技术指标和经济、社会、环境等方面做出相对满意度的判断,以此作为决策的基础。

一、评价指标体系的建立

根据 BRT 线网规划方案的特点,可从网络功能、服务水平、建设实施及综合效益四个方面进行指标选取。网络功能是从线网供应能力比较方案的优劣;服务水平是从乘客使用角度比较方案的差异;建设实施是从规划方案、工程实施的难易性以及经济效益进行考察;综合效益是分析 BRT 的建设对城市整体交通系统以及城市总体规划、城市环境发展等方面的影响。

指标权重是反映评价指标相对重要性的指标,为了正确地反映各项指标对评价目标影响的重要程度,可以通过加权予以修正,重要的指标赋予较大的权重,相对次要的指标赋予较小的权重。权重确定的主要方法为专家判断法。选取指标及权重见表4-4。

评价指标体系及权重　　　　　表 4-4

目标层	准则层		指标层	
	指标	权重(q_1)	指标	权重(q_2)
BRT 线网规划设计	网络功能	0.24	客运总量(万乘次/日)	0.22
			重要节点连通率	0.25
			非直线系数	0.28
			线网密度(km/km^2)	0.25
	服务水平	0.53	平均运送速度(km^2/h)	0.5
			平均步行到站距离(m)	0.3
			换乘便捷度	0.2
	建设实施	0.12	区域交通影响	0.38
			建设成本	0.62
	综合效益	0.14	与城市发展协调性	0.32
			与综合交通发展协调性	0.42
			与城市环境协调性	0.26

二、评价方法

BRT 线网规划方案具有影响因素多、涉及范围广等特点,如何建立一套比较完善、合理的评价体系,利用科学评价方法优选规划方案、进行科学决策,一直是城市规划者研究的重点问题。现有的评价方法有主成分分析法、综合指数法、功效评分法、模糊综合评价法和层次分析法等。这些方法都有各自的优点和特色:主成分分析法模型是理论上比较成熟,能用少数相互无关的综合指标来代表原来众多相关的指标变量,且可以从中提取权向量,因而日益受人们所重视;综合指数法通常能与指标的统计口径一致,在社会经济统计中应用很广;功效评分法能够根据每一个评价指标的好坏具体给出指标的功效分数,结果直观,能把主观经验定量化;模糊综合评价法模型能把所有影响对象的独立因素联系到一起,应用等级隶属函数的方法,不仅可以给出模糊对象的具体量数据乃至综合评价分,且可判断对象的优劣等级;层次分析法模型具有层次结构,有利于将决策者的经验判断给予量化,对目标结构复杂且缺乏一些数据的情况更为实用,在社会、经济等领域都有着广泛的应用。

一种指标参照系的综合评价方法是否可靠和准确取决于很多因素。在选择一种综合评价方法时,通常要考虑它的理论成熟性、适用范围、是否便于理解和掌握等因素。一般来说,不存在普遍适用的综合评价方法。BRT系统规划方案的指标参照系具有庞大、多层次、多因素的特点,且许多指标又不能具体量化,只能根据专家的经验给予评判,这些特点决定了BRT系统规划方案的评价比较适合采用层次分析法。

基于层次分析法的BRT线网规划综合评价步骤如下。

1. 建立层次模型

即建立BRT线网规划方案综合评价的评价指标体系。最简单的层次结构包括目标层、准则层和方案层3层。

(1)最高层(目标层):顶层只有一个元素,一般它是所需解决问题的总的目标要求,故也称总目标(准则)层;在城市BRT线网规划方案评价决策中,最高层的元素就是城市BRT线网规划方案综合评价。

(2)中间层(准则层):包括为了实现总目标所涉及的中间环节,它可以由若干个层次组成,包括所需考虑的约束、多级子准则等。

(3)最低层(方案层):表示为实现准则可供选择的各种措施、各种指标和备选方案,故称为方案层。

2. 构造单一准则下元素两两比较矩阵

层次模型建立后,相邻上下层次之间的隶属关系也就确定了,求出下一层次的子元素相对于上一相邻层次元素的相对权重。采用1~9的9级比例标度来建立比较矩阵。

3. 构造单一准则下元素的相对权重

判断矩阵构成以后,即可计算指标的权重。求出判断矩阵的最大特征向量,将此特征向量进行归一化处理即为下一层元素相对于上一层元素的权重值。

4. 计算元素的组合权重

求出评价层次模型中从底层开始,每一层元素相对于上一层元素的权重后,求出下一级某一层的元素相对于它的跨层元素的权重。进而求出最下层的每一指标相对于最上层的组合权重值。

5. 计算方案的评价值

各方案的评价值计算分定性指标和定量指标分别进行:对于定性指标,先作定性分析,后采用专家评分法或构造比较矩阵法,求出各方案的评价值;对于定量指标,可以先给出各指标的优劣临界值,然后用数值插入法求出各方案的评价值。

第六节 武汉市 BRT 线网规划实施

一、需求预测

客流分配的分析研究采用的是国内外广泛使用的交通分配随机用户平衡模型(Stochastic User Equilibrium)。该模型建立了综合费用(如线路行驶时间、候车时间、滞留时间、票价等)与线路客流量之间的函数关系,并考虑了运送能力的限制。在分配过程中,模型对综合费用惩罚值、综合费用值、各站的滞留时间、候车时间的计算分别进行了界定。表4-5显示武汉市居民不同出行方式的交通量预测,表4-6显示规划期常规公共交通与轨道交通的客流量预测结果。不同年份道路网络公交客流分配情况如图4-11~图4-13所示。

全方式出行结构及出行量预测　　表4-5

项目 年限	步行 日总量 (万人次)	比例(%)	自行车 日总量 (万人次)	比例(%)	公共交通方式 日总量 (万人次)	比例(%)	小汽车及其他 日总量 (万人次)	比例(%)
2017年	867	33	263	10	894	34	604	23
2020年	910	29	282	8	1098	35	847	28
远景年	879	15	293	5	2930	50	1758	30

注:其他方式含摩托车、电助动车、通勤车等。

公共交通客运量预测　　表4-6

项目 年限	公共交通客运总量 (万人次)	轨道交通客运量 (万人次)	常规地面公交客运量 (万人次)
2017年	1037.0	272.7	764.3
2020年	1350.5	433.5	917.0
远景年	3838.3	1865.4	1972.9

图 4-11 2017 年道路网络公交客流分配图

图 4-12 2020 年道路网络公交客流分配图

图4-13 远景年道路网络公交客流分配图

二、线网规模

1. 线网密度匡算法

线网密度匡算法主要采用线网密度以及城市建成区面积指标。计算方法见式(4-2)。

参考国外城市该指标取值,没有轨道交通的城市对BRT线网密度取值偏高,如巴西库里蒂巴为0.56km/km²。国内常州规划线网密度核心区为0.48km/km²,中心区为0.72km/km²;有轨道交通的城市对BRT线网密度取值为0.12~0.17km/km²,如昆明为0.16km/km²、广州为0.12km/km²、深圳为0.17km/km²。

按照武汉市公共交通发展目标,要逐步形成以轨道交通与快速公共汽车交通为骨干、常规地面公交为主体、其他公共交通方式协调发展的城市公共交通体系。基于快速公共汽车交通的各种优势,要加快骨干线网的形成,需加快 BRT 网络的规划与建设,由此确定 BRT 线网密度为 $0.15\sim0.3\text{km}/\text{km}^2$。武汉市城市建设用地面积约 906km^2,匡算出武汉市 BRT 线网总规模为 $136\sim272\text{km}$。

2. 客流需求量匡算法

客流需求量匡算的主要影响因素有城市出行总人次、公交出行比例、公交换乘次数和主通道的负荷强度。计算方法见式(4-3)。

按照武汉市公共交通发展需求预测,远景年居民日出行总量 5860 万人次,公共交通分担率为 50%,公交换乘次数为 1.3 次,大运量快速交通占公交客运量的比例为 50%~60%,客流强度为 1.5~2.0 万人次/km,由此得出大运量快速交通总规模为 1055~1172km,BRT 线网总规模为 130~248km。

综合以上两种线网规模匡算方法,确定武汉市 BRT 线网总规模为 130~250km 较为合适。

三、线网方案

为实现公交优先发展战略目标,给城市交通基础设施建设提供依据,根据武汉市城市总体规划、交通发展战略及轨道交通线网规划,结合武汉市快速公共汽车交通规划原则,武汉市 BRT 线网主要服务于城市主要功能区,弥补近期轨道交通线网覆盖不足,优先考虑客流密度比较大的地区,缓解主城主要客流走廊上的交通压力,并与其他交通方式协调有序发展,远景年共规划 7 条 BRT 线路,总长度 175km,设站 190 座;2020 年共规划 5 条 BRT 线路,总长度 123km,设站 139 座;2017 年共规划 2 条

BRT 线路,总长度 34.6km,设站 31 座。

1. 2017 年规划线路

武汉市 2017 年 BRT 规划线路情况见表 4-7、图 4-14。

武汉市 2017 年 BRT 规划线路情况　　表 4-7

线 路 名	起　点	终　点	线路长度(km)	站点(个)	线 路 类 型
B1 线	武昌火车站	流芳火车站	13.6	14	跨区骨干
B2 线	武汉火车站	汉口火车站	21	17	跨区骨干
合计	—	—	34.6	31	—

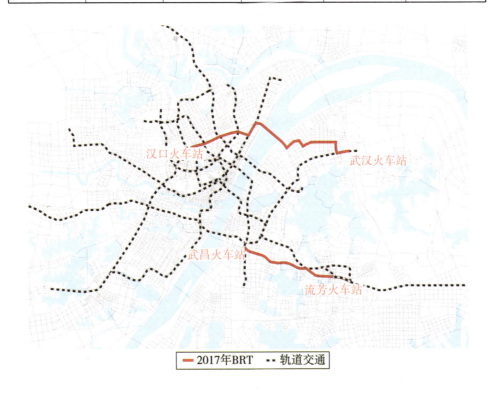

图 4-14　武汉市 2017 年 BRT 规划线路图

2. 2020 年规划线路

武汉市 2020 年 BRT 规划线路情况见表 4-8、图 4-15。

武汉市 2020 年 BRT 规划线路情况　　表 4-8

线 路 名	起　　点	终　　点	线路长度(km)	站点(个)	线 路 类 型
B1 线	永安堂	流芳火车站	27	29	跨区骨干
B2 线	武汉火车站	汉口火车站	21	23	跨区骨干
B3 线	金银潭	沌阳大道	24.5	28	跨区骨干
B4 线	纸坊	武汉植物园	25	31	远程过渡
B5 线	前川	三金潭	25.5	28	镇内联通
合计	—	—	123	139	—

图 4-15　武汉市 2020 年 BRT 规划线路图

3. 远景年规划线路

武汉市远景年 BRT 规划线路情况见表 4-9、图 4-16。

武汉市远景年 BRT 规划线路情况　　　　表 4-9

线 路 名	起　　点	终　　点	线路长度(km)	站点(个)	线 路 类 型
B1 线	流芳火车站	永安堂	27	29	跨区骨干
B2 线	梨园	盘龙城	24.5	24	跨区骨干
B3 线	升官渡	大彭村	25	24	跨区骨干
B4 线	金银潭	沌阳大道	24.5	28	跨区骨干
B5 线	武汉火车站	黄家湖大学城	30	35	镇内联通
B6 线	滨江苑	古田南路	18	22	镇内联通
B7 线	前川	三金潭	26	28	镇内联通
合计	—	—	175	190	—

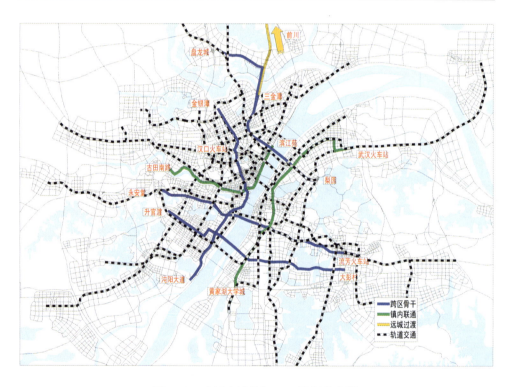

图 4-16　武汉市远景年 BRT 规划线路图

第五章

城市快速公共汽车交通场站布局规划与方法

第一节　城市快速公共汽车交通枢纽场站分类

一、BRT 站点分类

同所有公共交通模式一样,BRT 的站点也分为首末站、中间站、枢纽站,是为 BRT 提供客源的场所,也是为 BRT 乘客提供服务的地点。BRT 站点的合理规划与否直接影响着 BRT 系统乃至整个公共交通系统的服务水平和服务质量。

1. BRT 首末站

BRT 首末站的主要功能是为 BRT 线路的车辆提供开始和结束运营、等候调度、购票检票和提供 BRT 车辆信息的必要场所,是整条线路的主要控制点和与支线线路的交汇点,在整个 BRT 系统中具有举足轻重的地位。通常首末站中还应该包括一个兼具停放车辆和进行小规模维修的服务设施。

2. BRT 中间站

BRT 中间站是沿运营线路设置的汇集站点服务区吸引的乘客,为乘客提供 BRT 车辆信息、候车、换乘以及购票、检票的场所,同时设计良好的 BRT 停靠站兼具遮风挡雨、美化城市的作用。

3. BRT 枢纽站

BRT 枢纽站是 BRT 与其他交通方式之间客流转换相对集中的场所。合理规划的枢纽能够使乘客安全、迅速地换乘,同时也使车辆进出枢纽时对道路交通的影响降到最低程度。

二、BRT 站台形式

依据道路断面特征、道路隔离带的布置形式以及专用道的位置，BRT 站点形式分为港湾式、侧式（岛侧式）、岛式。当专用车道位于道路中央时，通常采用的是具有轨道交通车站特性的岛式站台或侧式站台；当专用车道位于道路两侧时，尽量采用港湾式。

1. 港湾式站点

港湾式站点类似于船舶停靠的港湾，如图 5-1 所示，道路在 BRT 站点处向站点方向增加车道，该车道专门为 BRT 车辆停靠服务。为了避免对其他公交车产生干扰，专用道设在最外侧车道的 BRT 线路站点通常设成港湾式，压缩该处的非机动车道和人行道，将站点处的非机动车道相应向后退至少 3m。由于车辆进站时需要更换车道，在站点位置，不需要设置超车道。港湾式站点的最大优点是可以明显地减少站点停靠车辆与其他车辆之间的相互干扰而产生的时间延误。

图 5-1　港湾式站点

2. 侧式（岛侧式）站点

专用车道位于道路中央时，车站分别设于专用道的外侧，称为侧式或岛侧式。根据两个方向的车站设置在路段上断面位置的不同,侧式站点可分为对开式和错开式。中央侧式站台如图5-2所示。

图5-2 中央侧式站台

对开式即BRT两个行驶方向的站点平行地布置在道路同一断面上,形成并列式的站位。这种设置方式在站点位置将会过分占用路面资源,在不考虑超车的情况下,最少需要4个车道,适用于以下两种情况:一是道路空间资源充分或路段交通流量较小;二是线路发车频率和路段线路重复系数较低,不会发生超车情况。

错开式即BRT两个行驶方向的站点位于路段的不同断面上,交错设置。这种方式避免了并列式的弊端,占用道路空间较少,适用范围较广。

3. 岛式站点

站点布置于双向专用车道的内侧,即道路的中央,称为岛式站台,如图5-3所示。岛式站台可以作为线路连接点,方便乘客异向换乘,但双向的运作管理必须协调好,为了避免双向乘客上下车的相互干扰,也可采取并列岛式。岛式站台需集散两个方向的客流,站台规模比一般的站点要大,但由于两个方向的客流可以共享资源,占用的道路面积一定会比侧式站台少。

图 5-3　中央岛式站台

第二节　城市快速公共汽车交通首末站规划

BRT 首末站的规划主要包括首末站的选址、规模确定以及站点设计等。

一、首末站选址

考虑到 BRT 作为大、中运量公交模式的特点，其首末站的规划原则概括为以下 4 个方面。

（1）BRT 首末站的设置应与城市道路网络的建设和发展相协调，适宜建设在大的集散点附近和主要客流的同侧。

（2）站点位置应该靠近大量客流的集散场所，如火车站、汽车站、码头、大型住宅区中心等。BRT 首末站的选址应确保首末站设置后对道路交通不产生严重影响。

（3）BRT 首末站的规模由该站点所服务的线路配备的车辆数和选用

的车辆类型决定,所配备的车辆数与 BRT 线路形式(复线、干支结合)有关。

(4)BRT 首末站的作用和站点附近用地性质有关。若站点附近无空地位置,该首末站可以不具备停车、维修的功能。但是 BRT 车辆需要利用附近的道路进行掉头并在路边或者路侧空地暂时停放。因此,站点附近应该具有较为富余的道路和停车用地。由于 BRT 的准点率高,一条线路需要的停车空间比相同发车频率的常规地面公交的需求要小;当站点具有停放 BRT 车辆功能时,与首末站相连的道路出入口应该为服务水平良好、道路交通饱和度不高的道路,尽量避免设置在交叉口附近,必要时可设置信号控制,减少对道路交通的影响。

二、首末站规模确定

(1)首末站的规模应按所服务的公交线路所配营运车辆的总数来确定。对于常规地面公交来说,一般配车总数(折算为标准车)大于 50 辆的为大型站点;26~50 辆的为中型站点;小于 26 辆的为小型站点。由于 BRT 车辆一般采用 18~25m 的新型铰接车,单车的载客人数可高达 200~250 人。与普通公交车辆相比,BRT 车辆的容量较大,其换算成标准车的系数应较常规地面公交车大,首末站规模的标准也应适当放宽。

(2)首末站的规划用地面积宜按每辆标准车用地 90~100m^2 计算。若该线路所配营运车辆少于 10 辆或者所划用地属于不够方正或地貌高低错落等利用率不高的情况之一时,宜乘以 1.5 以上的用地系数。

三、首末站出入口道及回车道

(1)首末站必须设有标志明显、严格分隔开的入口和出口,其使用宽度应不小于标准车宽的 3~4 倍。若站外的车行道宽度小于 14m,进出口宽度应增加20%~25%。在出入口后退2m的通道中心线两侧各60°范围内,能清楚地看到站内或站外的车辆和行人。

与公交首末站相连的出入口道路,应设置在使用面积较为宽裕的道路上,尽量避免接近平面交叉口,必要时出入口可设置信号控制,以减少对周边道路交通的干扰。

(2)首末站在建站时必须保证在站内按最大铰接车辆的回转轨迹划定足够的回车道,道宽应不小于7m,在用地较困难的地方,应利用就近街道进行回车。

第三节 城市快速公共汽车交通中间站规划

BRT中间站的规划主要包括站点选址、站距确定以及站点设计等内容。

一、中间站选址

(1)BRT线路通过的区域通常都是现状或者规划中的高密度用地区域。BRT中间站应该设置在BRT线路沿途经过的客流集散中心附近,以保证BRT线路的客流量。

(2)如果BRT站点沿街布设,站点的选址宜选在能够按BRT运营要求完成车辆停放和通行任务的地方。

(3)BRT中间站所在道路断面的位置应该由BRT专用道的位置来决定。

(4)BRT中间站的站距受乘客出行需求、站点所在区域条件和交叉口间距等因素的制约。

(5) BRT 中间站附近通常要规划停车设施,以便为需使用其他交通方式的乘客提供便利的换乘条件。

二、BRT 站距确定

BRT 站点规划主要是对站点间距的研究。BRT 站点间距对 BRT 的服务水平、乘客的出行时间以及出行舒适度等都有着重要的影响。通常较大的站点间距可以提高 BRT 车辆的平均运营速度,减少乘客的车上时间和由于频繁停车而造成的身体不适,但同时也增加了乘客从起点到达 BRT 车站和从 BRT 车站到目的地的距离,给出行带来不便。合理设置 BRT 站距能更有效地提高 BRT 系统的性能。

由于 BRT 站点属于永久性设施,建设成本较普通公交站点的建设成本大,因此,需要合理规划 BRT 站点间距,避免由于站点间距不合适造成 BRT 效率降低、站点的重复建设以及由此造成的资金浪费等问题。特别是对于新开发区域,由于 BRT 站点的设置不受现有周边用地的影响,建成后反而会引导周边土地的开发使用,因此,BRT 站点间距的合理规划就显得尤为重要。

对于出行者,在乘车费用差别不大的情况下,乘客优先选择出行时间最短、最便捷的交通工具,乘客的出行时间主要包括车外时间和车内时间。车外时间包括到达 BRT 车站的时间、候车时间以及离开 BRT 车站到达目的地的时间;车内时间主要包括 BRT 车辆运行时间、交叉口及站点延误时间。除了交叉口延误时间以外,BRT 站点的间距与乘客出行时间的各组成部分紧密相连。

在 BRT 站点布局规划时,应该对 BRT 系统使用者、运营者的成本效益进行分析比较,以制订合理的规划目标,作为确定 BRT 站距的依据。通过总结分析,BRT 站距的规划目标主要有以下 3 点:

(1)从乘客的角度来看,他们希望所设置的站间距能够使广义成本最低,即出行总时间和票价费用所形成的广义总成本最低。其中,总出行时间包括乘客在车外的出行时间及乘客在车内的出行时间。

(2)从运营者的角度来看,他们希望所设置的站间距能够使线路服务更多的区域并吸引更多的乘客,即站点的覆盖面积最大。同时,在满足服务水平的基础上,运营者希望BRT建设成本和运营成本最低。

(3)从政府的角度来看,政府希望所设置的站间距能够配合城市发展、土地使用、城市交通建设等方面,使社会效益和经济效益最大。

基于以上目标,建立如下的站间距优化模型:居民在选择一种交通出行方式时,总是选择对于他们来说效用最大的出行方式,而这主要取决于乘客所需要的时间以及相应的时间价值。通常,在进行成本效用分析时,用广义成本 C 表示,最小广义成本计算见式(5-1)。

$$\min C = c_1 T_{In} + c_2 T_{Out} + c_3 F \tag{5-1}$$

式中:T_{In}——乘客车内时间,s;

T_{Out}——乘客车外时间,s;

F——票价费用成本,元;

c_i——模型参数,$i=1,2,3$。

三、BRT 站点的停车位数

停靠能力是BRT车站设计的核心内容之一。所谓停靠能力是指单位时间内所能停靠的最大车辆数。其中,站点的停车位数是影响停靠能力的重要因素,它直接决定停靠站的使用效率。停车位设计过多,导致车站长度过长,造成车辆停放无序,增加行人走向停靠车辆的时间;停车位设计不足,则引起车辆站外排队,增加停靠站延误时间,并影响专用道上其他公交车的正常运行。

因此,在进行 BRT 车站设计以前,首先应确定停车位的数量。若停车位的设计能力与实际停靠需求不符,就会造成能力不足或浪费,尤其对封闭式站点(不易变动)很不利。

下面分两种情况论述站点停车位数的计算方法。

1. 单线运营

当 BRT 专用道采用单线运营、发车频率不高、沿线交叉口间距比较大或者实行公交信号优先控制时,公交到站分布比较均匀,这时车站停车位数可以通过对比公交流量和单车位停靠能力计算得到。

美国联邦公共交通管理局在对 BRT 的专项研究——《Bus Rapid Transit Volume 2:Implementation Guidelines》报告中提出如下单个停车位停靠能力计算方法,连续交通流的计算见式(5-2),间断交通流的计算见式(5-3)。

$$C_b = \frac{3600}{D(1 + C_v Z_a) + t_c} \tag{5-2}$$

$$C_b = \frac{3600 \frac{g}{C}}{D(\frac{g}{C} + C_v Z_a) + t_c} \tag{5-3}$$

式中:C_b——单个停车位每小时的停靠车辆数,辆/(h·停车位);

D——BRT 车辆停站时间,s;

C_v——停站时间波动系数,一般取 0.6;

Z_a——标准正态分布置信上下限的绝对值(表5-1);

t_c——车辆消散时间,s,通常取 10~20s;

g——一个公交通行相位的绿灯时间,s;

C——一个信号周期时间,s。

标准正态分布置信上下限的绝对值　　　表 5-1

置信度(%)	98	95	90	85	80	70	60	50	40
置信上下限的绝对值	2.33	1.96	1.645	1.44	1.28	1.04	0.84	0.675	0.525

在连续交通流情况下，认为停靠能力受信号扰动较小。因此，基于连续交通流情况的停靠能力由式(5-4)来确定。

$$Q = C_b N_b \quad (5-4)$$

式中：Q——BRT 车站每小时的停靠车辆数，辆/h；

N_b——多停车位车站的有效停车位数，个。

对照表 5-2 中的多停车位的有效停车位数 N_b（BRT 专用道上通常采用 BRT 车辆进出车站互不影响的情况），即可得到 BRT 车站每小时的停靠车辆数。

有效停车位数与设计停车位数对照表　　　表 5-2

车站的设计停车位数(个)	车辆进出车站相互影响情况下的有效停车位数(个)	车辆进出车站互不影响情况下的有效停车位数(个)
1	1.00	1.00
2	1.75	1.85
3	2.45	2.60
4	2.65	3.25
5	2.75	3.75

2. 复线运营

当 BRT 专用道沿线的交通条件比较复杂，尤其是复线组合、交叉口间距比较小，而且无信号优先控制时，公交车到站的随机性将增大，车辆到达将近似服从泊松分布。这时可认为停靠站与到达车流构成了单路排队多通道服务系统(M/M/N)。

由排队理论可知，系统中没有车辆的概率见式(5-5)，系统中有 n 辆车的概率见式(5-6)、式(5-7),排除系统中的年均车辆数见式(5-9)。其中交通强度的计算见式(5-8)。

$$P(0) = \frac{1}{\sum_{n=0}^{N-1}\frac{\rho^n}{n!} + \frac{\rho^n}{N!\left(\frac{1-\rho}{N}\right)}} \tag{5-5}$$

$$P(n) = \frac{\rho^n}{n!}P(0), n \leq N \tag{5-6}$$

$$P(n) = \frac{\rho^n}{N!\ N^{n-N}}P(0), n > N \tag{5-7}$$

$$P = \frac{\lambda}{M} \tag{5-8}$$

$$\bar{n} = \rho + \frac{P(0)\rho^{N+1}}{N!\ N} \times \frac{1}{\left(\frac{1-\rho}{N}\right)^2} \tag{5-9}$$

式中：N——公交停车位数量,个；

$\bar{n}$——平均车辆数,辆；

ρ——交通强度, $\rho = \frac{\lambda}{\mu}$；

λ——车辆到达率,即单位时间内到达的车辆数,%；

μ——停靠站服务率,即单位时间内一个停车位服务的公交车数,%。

M——排队系统中车辆数不超过设计停车位的置信度,通常取85%~95%。

对于该服务系统而言,若$\frac{\rho}{N}<1$,表示系统是稳定的,每个状态将会循环出现,即到站的公交车将逐步消散；若$\frac{\rho}{N}>1$,则系统是不稳定的,等候排队的公交排队将越来越长。因此,确保该系统正常工作的条件是

$\frac{\rho}{N}<1$，即 $N>\frac{\lambda}{\mu}$，停靠站服务率由公交车在站的滞留时间决定，包括减速停靠时间、乘客上下车时间和起动加速时间。其中，上下乘客量是关键的影响因素。

若 λ、μ、N 已知，可以求出排队系统中的平均车辆数 $\bar{n}$。当 $\bar{n}$ 满足下列条件时，N 即为设计停车位，见式（5-10）。

$$\begin{cases} \bar{n} \leqslant N_b \\ P(n \leqslant N) > M \end{cases} \quad (5\text{-}10)$$

式中：N_b——N 个停车位的有效停车位数，个；

M——排队系统中车辆数不超过设计停车位的置信度，通常取 85%～95%。

第四节　城市快速公共汽车交通枢纽选址规划

交通枢纽是实现交通功能转换的场所，是不同交通方式间的转换点。其合理规划和布局对改善整个交通系统状况，提高运营效率和解决出行换乘问题具有重要意义。

BRT 枢纽站是锚固城市 BRT 网络，实现乘客便捷换乘，保障城市公交系统高效运转的关键节点。其选址和规模主要受客流需求强度、换乘交通方式、用地及周围环境条件等因素影响。BRT 枢纽站按交通功能划分为以下三种。

（1）城市对外交通换乘枢纽：枢纽设置的核心意义在于方便不同交通方式的转换，城市交通与城市对外交通转换的节点应设置换乘方便的公交枢纽，如图 5-4 所示。

图 5-4　BRT 城市对外公交枢纽

(2)城市内部交通换乘枢纽：居民选择个体交通方式到达公交站点，并换乘公交继续出行。在这些公共交通与个体交通的集汇点上设置公交枢纽，并配备方便的停车换乘设施，可鼓励市民换乘公交出行。随着城市化进程加快，城市范围不断扩大，交通拥堵不断加剧，为缓解城市交通拥堵，减少环境污染，需在城市外围配备小汽车停车换乘(P+R)设施(图 5-5)，在城市中心区配备自行车停车换乘(B+R)设施(图 5-6)。

图 5-5　P+R 换乘　　　　　　　图 5-6　B+R 换乘

(3)城市公交换乘枢纽：随着城市规模扩大和空间结构的调整，城市空间结构将逐步从"单中心蔓延式"向"外围组团"式的整体空间结构过渡。在这一过程中，将形成新的客运走廊，客运走廊的衔接点应根据客流量大小、用地情况等设置BRT换乘枢纽(图5-7)。

图5-7　城市公交枢纽

一、BRT枢纽站规划原则

（1）BRT枢纽站的规划要从其基本的换乘、吸引、辐射等功能出发，结合城市对外及城市内部客流量、流向分布特点，明确每处BRT枢纽站在城市公共交通枢纽群中的地位、作用和特定功能。

（2）做好不同交通方式和线路之间的协调与衔接，避免枢纽内机动车、自行车及人流的交叉，保证换乘过程便捷、连贯，实现乘客换乘时间最少，BRT车辆运行无干扰，无效停滞时间最短的目标。

（3）科学合理规划BRT枢纽，在必要枢纽处建设完善的自行车、小汽车停车存放设施，为进行BRT换乘提供方便，吸引部分个人交通转向公共交通。公交枢纽布局规划示意如图5-8所示。

二、BRT公交枢纽规模确定

BRT作为公共交通的一种，在接驳换乘方面与常规地面公交可以进行良好的衔接。因此BRT枢纽的规模确定可以综合常规地面公交，参照现有地方标准以及其他城市的建设情况进行。

图 5-8 公交枢纽布局规划示意图

1. 南京市公交枢纽规划规模（表 5-3）

南京市公交枢纽规划情况表　　　　表 5-3

公交枢纽类型	个数	设置区位	用地规模（m²）
对外交通枢纽	15	火车站、公路客运枢纽、城市边缘出入口附近	5000～14000
市级大型枢纽	6	城市核心区、商业中心、大型地铁站附近	3000～7000
外围对外交通枢纽	4	城市外围对外交通与城市交通换乘点附近	6000
主城内枢纽	4	地铁站与地面公交接驳换乘点	3000～5000
新区内大型枢纽	4	城市周边组团中心	6000
总计	33	—	214500

2. 北京市近年公交枢纽规模（表5-4）

北京市公交枢纽发展情况表　　　　　表5-4

项　目		2002年	2003年	2004年	2005年	2006年
枢纽	占地（hm²）	2.27	2.27	3.74	3.74	3.74
	建筑规模（万m²）	16.7	16.7	26.72	26.72	26.73
	个数（处）	3	3	4	4	4
	平均占地规模（m²）	7600	7600	9350	9350	9350

3. 上海市公交枢纽规模（表5-5）

上海市部分公交枢纽规划规模情况表　　　　　表5-5

站名	总用地（m²）	公交线路数（条）	公交用地（m²）	出租换乘用地（m²）	自行车停车用地（m²）	小汽车停车用地（m²）	商业配套用地（m²）
陆家嘴	8000	12	7500	500	—	—	—
世纪大道	4000	6	3600	200	200	—	—
龙阳路	18000	12	7200	300	500	2000	—
张江高科	6000	6	3800	500	200	1500	—
唐镇	4000	6	3600	150	250	—	—
川沙	6000	6	3600	300	400	1700	—
港城路	13000	10	7000	4000			2000
外高桥保税区难	6000	7	4200	300	500	1000	—
巨峰路	7000	8	4800	300	200	1700	—
金桥路	2000	3	1800	100	100	—	—
上南路	4000	4	2600	150	250	1000	—
济阳路	15000	10	6500	300	400	1800	—

由以上城市公交枢纽的规划建设情况可以看出：公交枢纽的规模一般控制在3000～15000 m²。其中，城市中心区土地资源紧张，小汽车停车换乘的需求相对较少，公交枢纽用地规模一般控制在3000～6000 m²；城市边缘区用地相对宽裕，小汽车停车换乘需求较大，公交枢纽用地规模一般控

制在 6000～15000m² 。BRT 枢纽站的规划规模可参照公交枢纽规模确定。

三、BRT 枢纽规划布局

BRT 枢纽规划的意义在于建立整合多种交通方式的综合换乘枢纽，对新的公交模式所产生的枢纽点进行统筹安排，使其数量、规模符合土地集约利用的要求，避免自然生成可能产生的散乱无序局面。为使选址具有先导性，符合"交通引导城市发展（TOD）"的要求，促使交通与土地联合开发，带动周边经济发展，BRT 枢纽站的选址应遵循以下原则：

（1）对外 BRT 枢纽，选址应尽可能结合火车站、长途汽车站、机场等对外交通场站设置，减少乘客的换乘距离。

（2）市内 BRT 枢纽，选址尽可能靠近商业中心、学校、大型社区等客流集散地。

（3）城市外围区 BRT 枢纽，选址尽可能靠近两条城市干道相交的区域，目的是利用干道集散能力，保障 BRT 出入转换畅通。

（4）BRT 枢纽的选址应优先考虑在现状条件下，能直接利用和具备可更新改造的地块，在地块条件较为紧张的地方可考虑设置立体公交枢纽以节约用地和满足需求，如图 5-9 所示。

图 5-9　公交立体停车场

第五节　城市快速公共汽车交通停车维修场规划

BRT停车维修场主要是为公交车辆提供停放、维修服务、加油(气)、车辆清洁和兼具管理指挥的场所。

一、停车维修场布局原则

(1)停车维修场的规划布局是城市规划的组成部分,其必须在城市总体规划的指导下,充分考虑城市土地利用规划中的用地布局。

(2)停车维修场的布局要统一规划,远近结合,要根据城市土地的开发利用,逐步完善场站的建设,正确处理好现状与远景的关系。

(3)为保障城市公共交通的畅通安全,停车维修场要避免建在闹市区、居民区和主干道内,应选择在交通流量不大、进出方便的次干道旁。

(4)根据停车数量及分布,确定停车维修场的规模和数量,大中小结合、均匀布置,以减少BRT车辆的空驶距离和驾乘人员的通勤距离,保证BRT车辆停车、维修的使用方便、经济合理。

(5)被选地块的用地面积既要为其后续发展留有余地,同时也要避免对附近街区未来的发展产生障碍。

二、停车维修场选点

停车维修场最好位于BRT首末站里面或附近的1~2km范围之内。因为当车辆在非高峰或需维护修理时,需返回停车维修场,而这段距离属空驶里程,没有带来任何效益。另外,这段距离还可能影响BRT的服务水平。例如,当BRT车辆从停车维修场返回时,遇到交通拥堵,则造成BRT车辆不能准时发车,从而降低BRT的服务水平。

三、停车维修场规模确定

根据 BRT 发展规划,预测规划年 BRT 车辆数量,依据《城市道路公共交通站、场、厂工程设计规范》(CJJ/T 15—2011)确定停车场、维修场规模。停车场的规划用地一般按每辆标准车用地 $150m^2$ 计算。维修场的规划用地按所承担的维修车辆数计算,每辆标准车用地 $200m^2$,乘以用地系数 y。当维修车辆数小于或等于 80 辆时,y 值取 1.2;维修车辆数为 150 辆左右时,y 值取 1.1;维修车辆在 200 辆以上时,y 值取 1。当用地特别紧张时,停车场、维修场用地可按每辆标准车用地不小于 $200m^2$ 综合计算。

第六节　济南快速公共汽车交通场站布局规划实施

一、场站规模匡算

根据《城市道路公共交通站、场、厂工程设计规范》(CJJ/T 15—2011)及车辆需求预测,济南市远期需要 600 标台 BRT 车辆,按场站 $250m^2$/标台计算(表 5-6),共需场站面积约 15 万 m^2。

场站用地规模表　　　　　　表 5-6

场站类别	每标台车用地	场站面积
首末站、枢纽站	$100m^2$ 标台	6 万 m^2
停车维修场	$150m^2$ 标台	9 万 m^2
合计	—	15 万 m^2

二、首末站、枢纽规划

为提高济南市 BRT 系统的社会经济效益,方便乘客换乘,济南市

BRT 首末站及枢纽站规划结合以下 5 方面进行。

(1) 共享：为了节约土地资源，提高线路运营效率，方便乘客换乘，多条线路共用同一首末站。

(2) 选址：靠近人口比较集中、客流集散量较大，周围有一定空地且与客流主要方向同侧位置。

(3) 用地规模：根据营运线路条数、配车数、高峰发车频率、候车乘客数量确定。在新区成片开发和旧区改造的适当位置配套安排首末站规划用地。

(4) 出入口道路：设置在道路使用面积较为充裕、服务水平良好的道路上，避免接近平面交叉口，以减少对周边交通的干扰。

(5) 换乘：在客流集散量较大的首末站、中途站附近，为方便乘客换乘，配备个人交通工具的停放场地。

济南市西客站公交枢纽如图 5-10 所示，BRT 首末站（枢纽）规划情况见表 5-7、图 5-11。

图 5-10　济南市西客站公交枢纽

济南市 BRT 首末站（枢纽）规划　　　　表 5-7

首末站名称	服务线路	备　注
黄冈	B1	已建
全福立交桥	B3/B6/B1	已建
西客站	B1 延长线/规划	在建

续上表

首末站名称	服务线路	备注
大魏	规划	规划
奥体中心	B6/B5	已建
燕山立交桥	B4	合用
北关北路立交桥	B2	已建
安置一区	规划	在建
九曲	规划	规划

图 5-11　BRT 首末站规划布局图

三、停车维修场规划

根据停车维修场规划原则，兼顾现有公交停车场、维护修理厂，综合考虑总规用地规划和综合交通体系规划的相关要求，规划 BRT 停车维修场方案见表 5-8，规划布局如图 5-12 所示。

BRT 停车维修场一览表　　　　　表 5-8

停车维修场名称	服务线路	面积(m²)	功　　能
济洛路维修厂	所有	40850	维修
十里河维修厂	所有	10500	维修
黄岗停车场	B1	11899	停车维修、B1 首站
全福立交桥停车场	B3/B6/B1	15000	停车维修、B1 末站、B3,B6 首站
西客站停车场	B1 延长线/规划	74000	停车维修、首末站
大魏停车场	规划	17123	停车维修、首末站
奥体中心停车场	B6/B5	9124	停车维修、B6 末站、B5 首站
燕山立交桥停车场	B4	3500	停车维修、B4 及其他线路首站
北关北路立交桥停车场	B2	6000	停车维修、B2 首战
安置一区停车场	规划	10000	停车维修、首末站
九曲停车场	规划	19980	停车维修、首末站
高墙王停车场	B4	2000	停车维修、B4 末站

图 5-12　BRT 停车维修场规划布局图

第六章

城市快速公共汽车交通智能控制、调度技术与系统

第一节　城市快速公共汽车交通智能调度控制系统总体设计

一、系统设计原则

BRT 智能调度控制系统的设计原则如下。

1. 实用性

系统各方面的功能应可在实地环境下长期安全地运行,且便于维护管理。

2. 适应性

系统能应对不断变化的 BRT 系统运行环境,且可适用于不同城市的发展。

3. 先进性

在实用的前提下,系统应尽可能地跟踪并应用国内外先进的智能调度算法、信号优先控制算法等相关方法,使系统具有较高的性能指标。

4. 可扩展性

系统的硬软件应具有扩展升级的余地,同时应提供标准化接口,与其他智能交通系统进行衔接。

5. 易操作性

系统应贯彻面向最终用户的原则,建立友好的用户界面,使用户操作简单直观,易于学习掌握。

二、系统功能架构

BRT 智能调度控制系统功能主要包括 4 个方面:BRT 监控管理、BRT

智能调度、BRT信号优先控制以及BRT信息服务。BRT监控管理是整个智能调度控制系统的基础部分,为调度方案的制订、信号优先方案的实施、实时信息的发布提供基础数据支持;BRT智能调度是系统的核心部分,负责根据基础信息制订相应的综合调度管理方案;BRT信号优先控制是系统的关键部分,信号优先控制方法的优劣对整个BRT系统的运行效益至关重要;BRT信息服务是系统的人机交互部分,为出行者提供可靠的信息服务,并接受用户的反馈。

三、系统顶层逻辑框架

系统逻辑框架主要包括BRT监控管理、BRT智能调度、BRT信号优先控制以及BRT信息服务四个核心系统,其基本框架结构及数据流如图6-1所示。

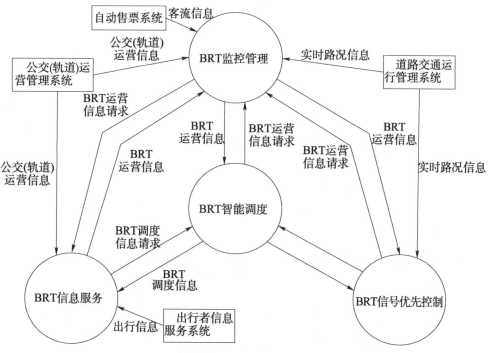

图6-1 系统顶层逻辑框架图

BRT 监控管理系统负责采集各类 BRT 相关信息,包括客流信息、路况信息、其他方式公共交通运营信息等,并传输至智能调度系统。同时负责监控各运营区域的实时情况。

BRT 智能调度系统主要负责分析处理采集 BRT 运营信息,制订调度控制策略,并发布各类控制信息至其他系统实施。

BRT 信号优先控制系统主要负责分析处理 BRT 运营信息和实时路况信息,为 BRT 车辆提供信号优先服务。

BRT 信息服务系统接收运营时其他系统提供的各类信息,能为出行者提供实时出行服务及其他服务类信息。

四、系统顶层物理框架

系统物理框架包含 BRT 监控管理部分、BRT 智能调度部分、BRT 信号优先控制部分、BRT 信息服务部分四大核心子框架,如图 6-2 所示。

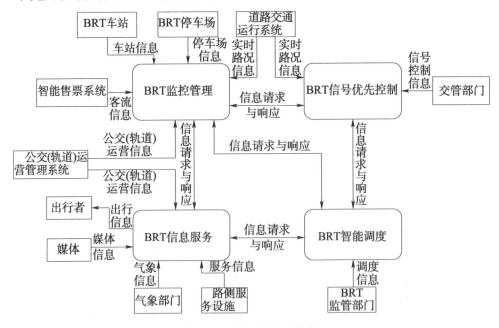

图 6-2　系统顶层物理框架

BRT 监控管理部分需采集 BRT 车站、停车场、道路交通运行系统、售票系统等的信息,并与其他核心子框架进行数据交互。BRT 智能调度部分需综合处理分析 BRT 运营数据,并由监管部门制订发布调度控制策略。BRT 信号优先控制部分分析实时路况信息与车辆位置信息,制订信号优先控制方案并与交管部门联动实施。BRT 信息服务部分综合采集 BRT 运营信息、服务类信息、媒体信息并筛选整理,并利用各种 BRT 信息发布设备为出行者提供信息。

五、系统总体逻辑结构

系统逻辑结构应包含以下逻辑系统:BRT 运行监控系统、BRT 智能调度系统、BRT 信号优先系统、BRT 信息服务系统、BRT 网络及通信传输系统、BRT 站台管理系统,如图 6-3 所示。

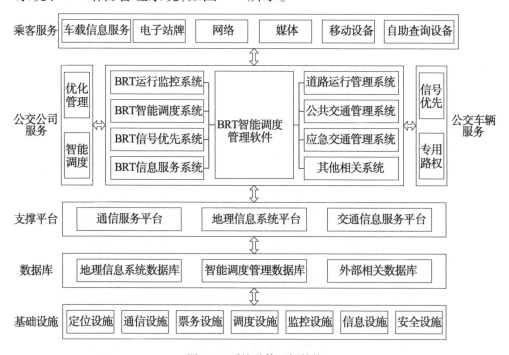

图 6-3　系统总体逻辑结构

BRT运行监控系统:负责对BRT车辆、车站、客流、道路交通状况等进行实时监控,为智能调度、站台管理等系统提供基础信息支持。

BRT智能调度系统:基于运行监控系统及人员反馈获得的实时交通信息,利用先进的智能调度算法,制订BRT车辆运营作业计划及工作人员排班计划。

BRT信号优先系统:结合实时道路运行状态及BRT车辆的行驶特性,制订合理的信号优先策略及方法,实现交叉口的BRT信号优先控制。

BRT信息服务系统:负责汇集各类BRT出行信息,确定合适的信息发布的硬件设备及发布方式,向乘客提供准确实时的信息服务,同时快捷地接收乘客的信息反馈。

BRT网络及通信传输系统:负责建立集成高效、综合利用的通信传输网络,以满足系统实时监控、智能调度、信息服务的需要。

BRT站台管理系统:负责监视控制管理BRT站台,包括与到站车辆的信息交互及控制、车辆上下客时对站台屏蔽门的控制、站台候车乘客的管理。

六、系统总体物理结构

系统物理结构(图6-4)应包含以下5个部分:管理中心系统、BRT车辆设备、BRT站点设备、BRT场站设备、BRT行驶检测监控设备。

管理中心系统需包含负责整个智能调度控制集成系统控制管理功能所需的硬件设备,包括数据传输设备、数据分析设备、数据存储设备以及与外部系统联通时所需的防火墙等。

BRT车辆设备包括车辆定位设备、车内监控设备、通信设备、车门控制设备、电子站牌、多媒体设备等。

BRT站点设备包括屏蔽门、售票检票设备、监控设备、信息查询设

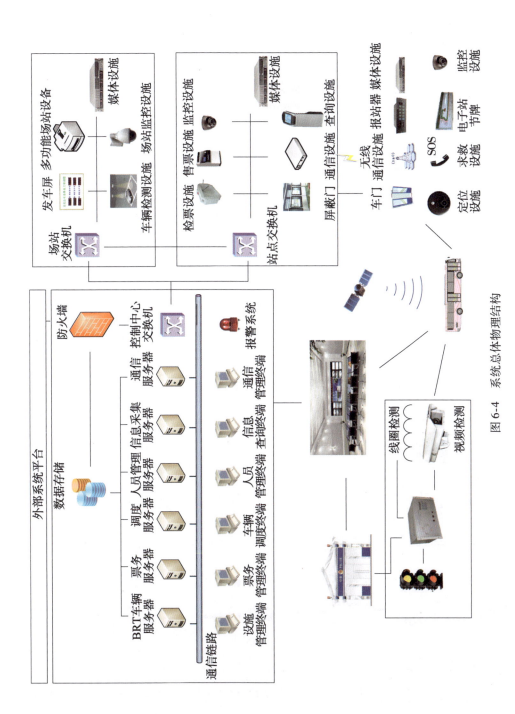

图 6-4 系统总体物理结构

备、通信设备等。

BRT 场站设备包括发车屏、车辆检测设备、场站监控设备等。

BRT 行驶检测监控设备包括线圈检测设备、视频检测设备、通信设备及信号优先控制设备等。

第二节　城市快速公共汽车交通智能调度系统

BRT 智能调度系统是整个智能调度控制集成系统的核心部分,其主要负责处理 BRT 运行监控模块收集的相关交通信息,分析 BRT 车辆、车站、停车场以及道路的运行状态,形成相应调度管理方案,并传输至车辆、站台、停车场等相关设施,该系统功能实现的程度决定着整个 BRT 系统的效用发挥。BRT 智能调度系统主要包括 BRT 车辆调度、BRT 车站管理、BRT 停车场管理、人员调度管理、调度管理中心、综合信息存储以及调度管理评价等功能模块。

一、逻辑框架

BRT 智能调度系统逻辑框架如图 6-5 所示。

二、物理框架

BRT 智能调度系统物理框架如图 6-6 所示。

三、系统功能

1. 智能调度中心

智能调度中心模块是整个子系统的核心部分,是整个系统的信息采集、交换、处理的中心,其由车辆定位监控系统、视频监控系统、操控平台系统、服务器、地理信息系统和应用软件系统等组成。

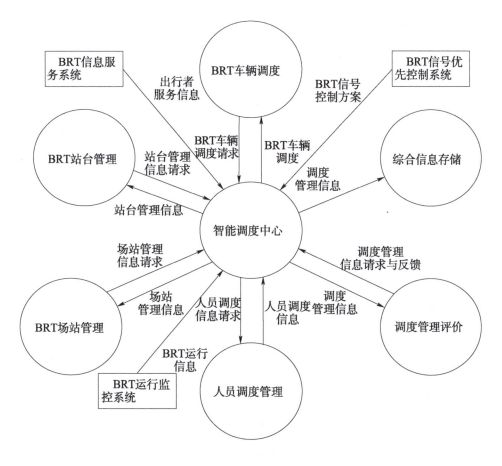

图 6-5　BRT 智能调度系统逻辑框架图

智能调度中心模块的主要功能是根据实时 BRT 车辆运行状况、客流时空分布信息、道路交通状况等信息,综合分析 BRT 系统运行情况以及车辆供需关系,利用 BRT 系统调度算法,生成综合考虑车辆、站台、场站、人员等因素的管理方案,并将其发送至相关模块,以保障 BRT 系统稳定高效地运行。

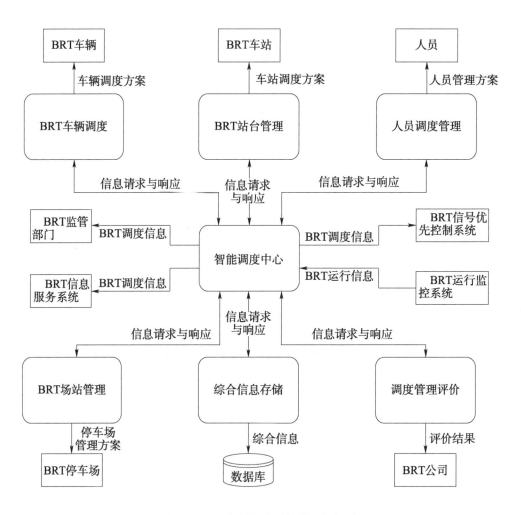

图 6-6　BRT 智能调度系统物理框架图

2. BRT 车辆调度

BRT 车辆调度模块的主要功能是根据智能调度中心模块的综合管理方案,形成 BRT 车辆调度方案,并将其发送至对应车辆,以维持稳定的车队运行秩序,减少资源浪费,提高服务水平。BRT 车辆调度方案主要包括车辆行车计划表、车辆运行时刻表等。

3. BRT 站台管理

BRT 站台管理模块的主要功能是根据智能调度中心模块的综合管理方案,形成 BRT 站台管理方案,并将其发送至对应站台,以保障 BRT 站台高效、安全地运行。BRT 站台管理方案主要包括站台客流管理、票务管理、车辆停靠管理等方案。

4. BRT 场站管理

BRT 场站管理模块的主要功能是根据智能调度中心模块的综合管理方案,形成 BRT 场站管理方案,并将其发送至对应场站,以最大限度地提升场站的运营效率。BRT 场站管理方案主要包括场站资源分配、车辆紧急调度等方案。

5. 人员调度管理

人员调度管理模块的主要功能是根据智能调度中心模块的综合管理方案,形成人员调度管理方案,并通知相关人员,以提高工作人员的工作效率。

6. 综合信息存储

综合信息存储模块的主要功能是对车辆、人员、站台、场站等的调度管理信息进行分类存储,以便于系统相关研究。

7. 调度管理评价

调度管理评价模块的主要功能是根据所采集的各种信息,对现行的调度方案进行反馈和评价,衡量调度管理方案的优劣,为优化调度方案提供依据。

第三节　城市快速公共汽车交通运行监测系统

BRT运行监控系统是智能调度控制集成系统的基础部分,其主要功能为利用车载定位、视频、线圈等检测设备以及光纤、无线通信等信息传输设备,实时提取车辆、车站、停车场以及路段的运行状态信息,为智能调度系统实时生成车辆调度方案提供信息支持,为信息服务系统提供基础数据,同时为政府部门管理决策提供帮助。

一、逻辑框架

BRT运行监控系统逻辑框架如图6-7所示。

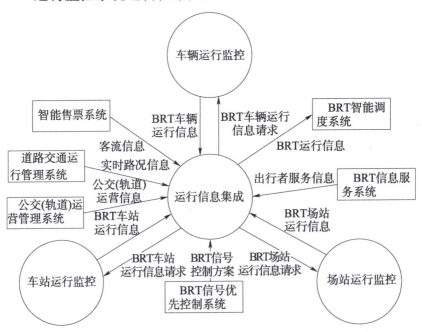

图6-7　BRT运行监控系统逻辑框架图

二、物理框架

BRT 运行监控系统物理框架如图 6-8 所示。

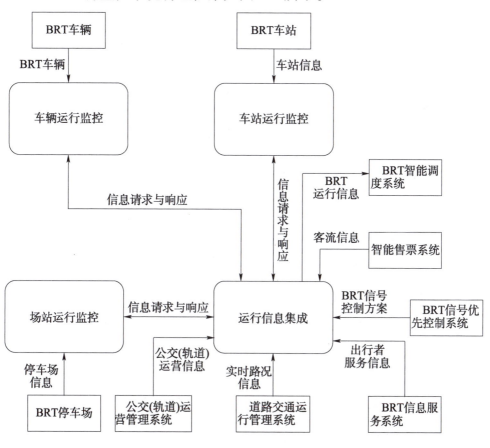

图 6-8　BRT 运行监控系统物理框架图

三、系统功能

1. 车辆运行监控

车辆运行监控的主要功能是利用车辆定位、车速检测、视频监控、驾驶员通信设施等车载设备对 BRT 车辆进行实时监控,并将其位置、速度、车内状况等运行状态信息实时传输至运营管理中心,使中心调度人员能够随时掌握车辆以及线路的运行状况。

运营管理中心可通过车辆运行监控系统实施以下操作。

1) GIS 地图基本操作

(1) 基本操作:提供放大、缩小、漫游、刷新、全图、图层控制等基本操作。用户打开地图操作菜单,或者在工具栏上点击相应的按钮,然后在地图上进行操作,地图响应用户操作并给出操作后的结果。

(2) 鹰眼:支持鹰眼功能,可以从鹰眼小地图中概览全图,并可通过对小地图的操作实现对主地图的操作。

(3) 目标查询:可按照名称模糊查询地图目标,包括线路、车站、路名、建筑物等。

2) 车辆实时状态监控(GIS 地图)

(1) 全局监控:可对全市范围内公交车辆进行监控,在地图上显示所有车辆运行状态。

(2) 选择监控:根据需要选择特定的一条或几条线路进行监控。

(3) 锁定跟踪:根据需要选择特定的车辆进行监控。

(4) 车辆点名:监控端主动要求车辆单次上传当前定位及状态信息。

(5) 多窗口监控:对于不同线路的车辆,选择监控、锁定监控和点名指定的车辆可以在不同的地图窗口中显示。

3) 车辆实时状态列表显示

以列表方式显示车辆的运行状态,包括速度、位置、报站信息、报警信息、违规信息等。

4) 车辆实时数据汇总

提供在册车辆总数、配车数、故障车数、在场车辆数、计划车次数、完成车次数等。采用图、表结合的方式展示给用户。

5）轨迹回放

车辆轨迹回放：对指定时间、指定范围的车辆进行轨迹回放，同时显示车辆定位信息、车辆实时状态等。轨迹回放功能用于对事故车辆发生事故当时的运行情况进行查看，也可用于对某段时间车辆运行情况进行回放审查。车辆运行状态及人员处理数据应在设定时间内保留。

6）数据查询

到离站信息的历史记录查询，报警、违规信息的历史记录查询，可以查询中心发送指令的历史记录。

7）绘制车辆行驶轨迹

当进行单车监控时，可启动绘制车辆运行轨迹功能，在车辆运行的路线上绘制轨迹，可手动清除，也可以选择定时自动清除。

8）GPS定位数据补偿

监控系统具有GPS定位数据补偿功能，当车辆进入GPS盲区或GPRS信号中断时，后台无法定位车辆，此时可根据车辆的运行线路进行GPS定位数据补偿，使车辆沿正确的方向继续运行。

9）发送指令

当车辆出现报警或者违规现象时，用户可以通过对车辆直接发送指令来协助，提醒或者警告车辆驾驶员，也可在未出现异常现象时，根据需要向车辆发送指挥指令。

10）与其他系统关系与接口

2. 车站运行监控

车站运行监控模块的主要功能是利用视频、线圈等设施监控BRT车站的售检票、乘客集散、车辆进出以及现场治安等状况，便于调度人员根据车站信息合理制订应对策略。

3. 场站运行监控

场站运行监控模块的主要功能是利用视频监控、现场反馈等多种手段为管理中心实时提供停车场站的运行状态信息,以便于管理人员制订相应调度方案,尤其是多线路协调调度方案以及应急调度方案。

场站运行监控系统可实施以下操作。

1) 监控功能概述

(1) 电子站牌监控:监控各站台电子站牌当前工作状态。

(2) 屏蔽门监控:监控各站台屏蔽门的当前工作状态及开关状态。

(3) 车载设备监控:监控车载终端当前是否在线以及车辆当前位置。

(4) 数据库系统监控:监控数据库系统当前工作状态。

(5) 通信服务系统监控:监控通信服务系统当前工作状态。

(6) WEB 服务系统监控:监控 WEB 服务系统当前工作状态。

(7) 信息监控:监控各站台客流量、工作人员上下班等信息。

(8) 应用系统监控:监控多功能场站机系统、站台值勤系统等应用系统运行状态。

2) 与信息交换服务交互

向信息交换服务订阅电子站牌状态信息、站台屏蔽门状态信息、车载设备全球定位系统数据、站台客流数据及其他设备状态信息。当信息交换服务接收到订阅信息,系统自动向本系统进行转发,同时也可以监控当前通信服务器的运行状态和性能。

3) 与数据库系统交互

通过向数据库系统提交 SQL 查询语句,根据系统反应时间来确定当前数据库系统运行状态。

4)与 WEB 服务系统交互

通过向 WEB 服务系统请求页面,根据系统响应情况来确定当前 WEB 系统运行状态。

4. 运行信息集成

运行信息集成模块的主要功能是进行信息融合,避免信息的重复。具体来说,是将实时监控并采集到的车辆、车站、停车站的信息以及相关外部信息(由道路运行管理系统、公共交通管理系统等其他智能交通系统提供)进行分类归纳、集成处理,发送至运营管理调度中心。

第四节　城市快速公共汽车交通信息服务系统

BRT 信息服务系统是 BRT 智能调度控制系统的重要组成部分,其通过不同的信息传输发布媒介,为出行者提供系统、全面的信息服务,包括出行行程时间预估、出行路径导航、停车换乘等各种交通信息,以及气象信息、站点周边服务信息等各种服务信息,辅助出行者制订更为合理的出行方案,同时接收乘客的出行信息反馈,为 BRT 系统改进提供依据。

一、逻辑框架

BRT 信息服务系统逻辑框架如图 6-9 所示。

二、物理框架

BRT 信息服务系统物理框架如图 6-10 所示。

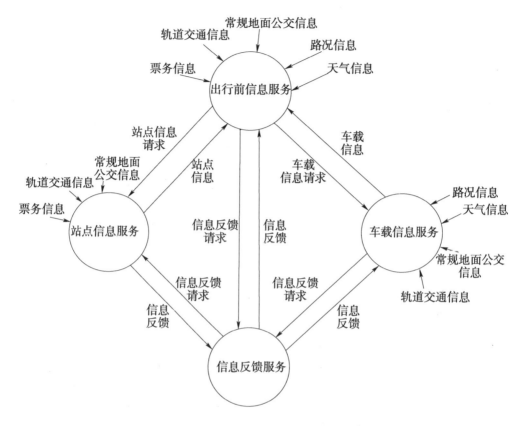

图 6-9　BRT 信息服务系统逻辑框架

三、系统功能

1. 出行前信息服务

出行前信息服务模块的主要功能是通过互联网、手机、媒体、广播等不同方式,为出行者提供出行前的相关信息服务,帮助出行者制订出行方案。

出行前信息服务模块能够为出行者提供 BRT 公交线路、站点,出行路径、换乘信息、线路运营服务时间、票价以及相关服务性设施等静态交通信息;同时也可提供 BRT 线路的动态时刻表、路段实时交通情况、突发事件等动态交通信息。

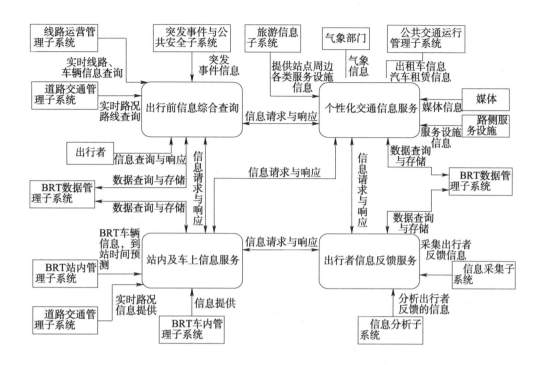

图 6-10　BRT 信息服务系统物理框架

2. 站点信息服务

站点信息服务模块的主要功能是利用可变信息板、电子站牌、触摸屏等站点信息交互终端为乘客提供 BRT 出行信息服务。该模块重点关注站台的换乘信息、车辆到站信息、线路营运信息以及周边相关设施信息等。

3. 车载信息服务

车载信息服务模块的主要功能是利用视频、语音等车载装置为乘客提供实时车辆、线路和道路运营行驶信息服务,以帮助乘客在出行过程中根据需要来合理修改出行方案。车载信息服务模块主要提供车辆实时位置、线路运营状态、预计到达站点时间、站点周边设施等相关信息。

4. 信息反馈服务

信息反馈服务模块的主要功能是利用网络、电话、问卷等形式调查乘客的满意度，并接收相关意见反馈，为改善 BRT 系统运营管理提供支持。

第五节　城市快速公共汽车交通信号优先控制系统

一、BRT 信号优先控制模块架构

在 BRT 信号优先控制的路口将采用信号优先系统路口控制单元来配合优化控制，而信号优先系统路口控制单元的功能实现包括下 5 种模块：晚点车辆信息接收模块、车辆抵达时间预测模块、控制策略选择模块、控制策略执行模块、专用道模式执行模块。

1. 晚点车辆信息接收模块

在一个实测的临近路口，BRT 准点定义为 BRT 车辆于特定停靠站处的实际抵达时间与应到达时间维持在固定误差范围内的执行程度，而通过预测实际抵达停靠站时间与时刻表应到达时间比较之下，可以得知 BRT 是否延误与延误的时长，而此延误时长在控制模式的计算式中将被赋予权重，在通过路口时经过模式运算后，决定是否给予 BRT 车辆优先通行权。

系统通过抓拍车辆信息、号牌识别、公交车辆库比对、公交车辆排班表比对，确认晚点公交车辆信息，并将确定给予其优先通行权的信号传输给晚点车辆信息接收模块，信号优先系统路口控制单元（RSU）处于预启动状态。

2. 车辆抵达时间预测模块

BRT信号优先控制的前提之一就是晚点公交车辆在临近路口时,其抵达预设检测区时可将预测BRT公交车抵达路口时间等数据传给信号优先系统路口控制单元,让信号机可针对预测的时间,动态调整绿灯延长或红灯缩短,使BRT车辆在绿灯相位中顺利通过路口。

为了使信号机能准确地在BRT车辆到达路口停止线时,判断是否执行优先控制策略,第i辆BRT车辆必须通过车辆检测器检测出站口检测线圈提供的信息,来预测由停靠站行驶至停止线的时间。站点设置位置不同,车辆抵达时间预测就不同。

3. 控制策略选择模块

在通过BRT信号优先控制路口前,系统将针对BRT车辆预订到达信号周期的时点,选择不同的控制策略。

在可预测BRT车辆抵达停靠站及路口停止线的情况下,抵达周期的时点可用来决定所使用的优先策略,在执行优先信号调整的过程中,须遵守下列限制:

(1)不可因为提供BRT优先信号通行而略过相位控制中其他相位。

(2)每一通行相位一旦启动,则必须维持其最小绿灯加上清道时间执行。

一旦优先策略启动的时点确立,更可针对即将抵达的BRT车辆给予其优先通行,将系统所预测BRT车辆即将抵达的时点与优先策略启动的时点作比较,便可决定采取何种优先策略。若BRT车辆在延长绿灯优先策略启动的时点前抵达路口,则无须改变信号配时,BRT车辆即可由原本的干道绿灯相位通过路口;若BRT车辆抵达路口的时点是在延长绿灯优先策略,则将采取延长绿灯优先策略直到BRT车辆通过路口停止线为止;若延误的 BRT 车辆抵达路口停止线时点是在切断红灯优先策略启动时点后,则采取切断红灯优先策略。

4. 控制策略执行模块

当系统选择优先控制策略之后,在给予 BRT 优先通行的服务时,同时考虑信号协调控制的需求。

RSU 通过 80 m 外线圈检测 BRT 车辆,有车辆通过线圈,则强制认为该车辆为 BRT 车辆,开始对车辆到达路口停车线时间进行计算并且预测车辆是否晚点。晚点判断:实际到达时间 − 应到时间(始发时间 + 行程时间)大于 > 延迟系数(在 N min 内不算晚点);若为晚点车辆,则发送信号至信号机,由信号机来完成公交优先功能;若为准点或早点车辆,则不发送信号。

5. 专用道模式执行模块

快速公共汽车交通专用道的设置方式主要有 4 种情况:

(1)将现有机动车道直接改造为公交专用道;

(2)压缩现有车道增加新的车道,作为公交专用道;

(3)扩宽道路增加公交专用道;

(4)限制路边停车(部分时段或者全天),用作 BRT 公交专用道。

针对我国 BRT 的现阶段特点,对于不同的 BRT 专用车道形式,可以采用不同形式的信号优先模式。通过以上对 BRT 专用车道设置的分析,主要针对 BRT 压缩现有车道和扩宽道路两种类型选择不同的信号优先模式。

对于压缩现有车道的 BRT 专用道方式,因为随着压缩社会车道宽度的程度增加,车道通行能力急剧变小,而客流量相对车流量大,使车均行驶时间变化相对人均变化更明显。因此需要选择实时优先控制策略,通过 GPS 和 AVM 实时监测整个系统，考虑到道路网络的所有机动车，包括 BRT 的乘客数，提前、正点或晚点到达等信息，并基于实时信息对交叉口信号配时进行优化，给予 BRT 优先信号，从而更好地体现出 BRT 专用车道的作用，缓解交通压力。

对于扩宽道路的 BRT 专用道方式，因为运用扩宽道路的形式增加专用道，使部分原来公交线路得到整合，减少了原来道路的车流量，提高了社会车流车道的行驶环境，大幅减少了公交车流的行驶时间。因此，选择主动信号优先控制策略。当检测到公交车辆存在，根据特定的公交信息、当时的交通状态以及信号控制逻辑，为公交车辆提供相应的服务，运用先进的信号控制器以触发优先控制策略，能够很好地提高 BRT 的服务水平。

二、BRT 信号优先系统逻辑框架

BRT 信号优先系统逻辑框架是对系统内部的逻辑描述，即针对服务框架确定的各类用户的服务功能，定义出满足上述目标应具有的最合理的数据源、数据输出和处理过程，以及输入数据、中间数据和输出数据与处理过程的相互关系。逻辑框架是对系统功能的一种分类，描述系统功能和系统功能之间的数据流。

1. 逻辑框架与数据流

逻辑框架为满足用户需求所提供的功能及各功能之间交互的信息流和数据流。逻辑框架的构建不考虑管理体制和技术因素，它只确定系统的功能，不管功能由谁来实现，如何实现，具体的实现工作由物理框架完成。逻辑框架与系统的具体实现分离使得其具有较好的灵活性、可扩展性。公交信号优先系统所要提供的功能包括：公交检测系统，优先信号请求,交通状态评估,信号状态评估,交通信号优选(即公交信号优先算法,包括性能指标模型和优先策略优选模型),优先信号服务,信号状态调整以及对整个优先信号系统的运行状态进行实时的监控。

2. 功能描述

(1)车辆检测系统:主要负责检测公交信息,获取车辆的车牌标识、车辆类型、优先等级、位置信息、到达时间、行驶路线、公交到站时刻表、公交乘客数等尽可能全面的信息;而与公交车辆权衡竞争信号的社会车辆信息由交通信号控制系统提供。

(2)优先信号请求:对接收的数据信息进行有效性检验,确保公交信息的真实性和可靠性。并根据系统或用户定义的标准(如:公交偏离时刻表的时间、车辆的满载率、车辆优先等级等)对公交信息进行预处理,判断是否提交该优先请求信息,从而将车辆信息及请求的状态信息按标准格式进行封装,通过优先请求发生器(Priority Request Generator)将数据包发送到下一个功能单元。其进行的事务处理如下:

①当车辆到达交叉口时,根据用户事先定义的优先条件/标准(如:晚点、优先等级等),决定是否需要对车辆进行进一步的优先预处理;

②产生优先请求信息,并将优先请求信息以及请求状态信息传送下一个子功能模块;

③为优先请求车辆及优先请求模块产生一个日志。

BRT 信号优先系统逻辑框架如图 6-11 所示。

三、BRT 信号优先系统物理框架

物理框架是将逻辑框架中的功能实体化、模型化,把功能相近的实体(物理)模型归结成直观的系统和子系统。

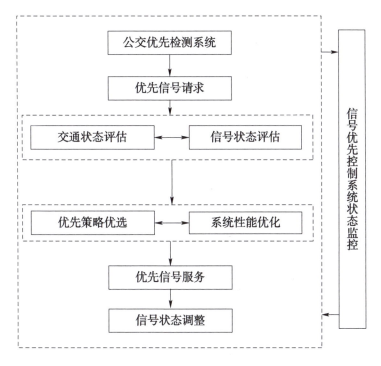

图 6-11　BRT 信号优先系统逻辑框架图

1. 基于中心控制的物理框架

根据公交优先请求逻辑实体所在的位置不同,基于中心控制的物理体系可以设置成 3 种不同的形式:基于车辆请求的体系结构,基于调度中心的体系结构,基于控制中心的体系结构。它们的主要区别在优先请求发生器的逻辑或物理实体所在的位置不同,以及由此引起的信息处理内容的差异。

1)基于车辆请求的体系结构(图 6-12)

在这种执行体系下,安装在公交车辆的优先请求发生器产生一个"优先请求"信号,但是优先请求发生器并不直接与优先请求服务器进行通信连接,而是通过公交调度中心将请求信息传送到交通控制中心,交通控制中心再将信息下达到优先请求服务器。优先服务作为一个逻辑实体,也可以设置在不同的位置,一般设置在交通信号控制器中。它产生一个"服务请求"给信号控制器来执行优先信号。在这一体系结构中,作为中间过程的公交调度中心和交通控制中心将负责对优先请求和优先服务进行监控。当公交车辆发送一个"优先请求"信号时,公交调度中心将决定是否需要为其提供优先;当决定对"优先请求"进行响应时,记录响应并产生一个"优先请求"发送给交通控制中心。交通控制中心对接收到的"优先请求"信息进行处理,根据自定义的"优先请求"和"优先服务"的允许时间间隔,以及"优先请求"和"优先服务"的频率,来决定是否将信息传送给优先请求服务器。

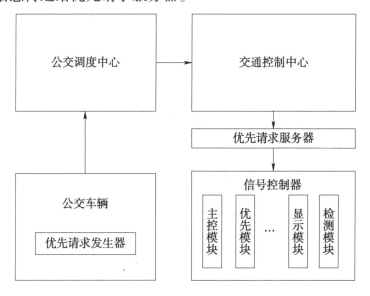

图 6-12　基于车辆请求的体系结构

2)基于调度中心的体系结构(图 6-13)

公交优先请求发生器安装在公交调度中心,公交调度中心实时监控公交车辆的运行状态。当公交车辆接近交叉口时,公交调度中心根据车辆的运行状况,决定是否为公交车辆提交一个"优先请求"。在该体系结构中,公交调度中心和交通控制中心在负责对"优先请求"和"优先服务"

的监控管理上,与基于车辆请求的体系结构功能相似。

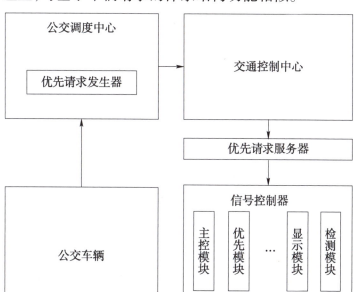

图 6-13　基于调度中心的体系结构

3)基于交通控制中心的体系结构(图 6-14)

在该体系结构中,公交优先请求发生器的逻辑实体设置在交通控制中心。当公交车辆到达交叉口时,交通控制中心获取公交车辆的运行状态信息,并从公交调度中心获取公交车辆及公交路线的相关信息。根据当前的交通状况决定是否为公交车辆触发一个"优先请求","优先请求"直接由设置在交通控制中心的优先请求发生器与优先请求服务器进行通信。

4)基于中心的物理实体结构框架(图 6-15)

由于我国 ITS 体系框架出台相对较晚,各城市的 ITS 发展水平、交通信息基础设施建设水平、城市规划及其发展目标各不相同,公交信号优先系统的物理实体或逻辑实体的设置位置以及各逻辑实体和物理实体之间的通信,应从系统工程的角度出发,根据各城市的不同情况,进行具体规划、设计和实施。

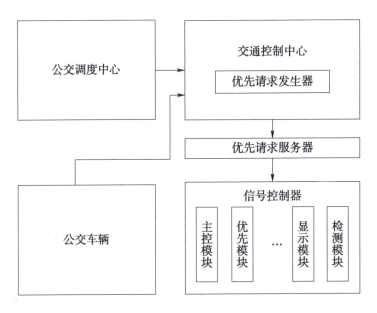

图 6-14 基于控制中心的体系结构

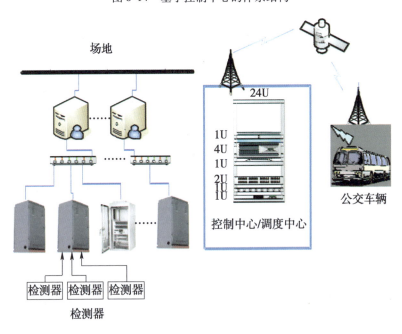

图 6-15 基于中心的 BRT 信号优先物理实体结构框架

2. 基于场地的物理框架

1) 基于场地的体系结构

在该体系结构中,优先请求发生器设置在公交车辆上,与基于车辆请求体系结构不同之处在于优先请求发生器直接与优先请求服务器进行通信。当公交车辆接近交叉口时,优先请求发生器记录公交车辆的运行状态,并向优先请求服务器发送"优先请求"信号(图6-16)。优先请求服务器将根据请求的时间及优先级别来处理"优先请求"信号,并决定是否向控制单元发送服务请求。公交调度中心或交通控制中心不对这个信号进行甄别或干预,只起到监控的作用。

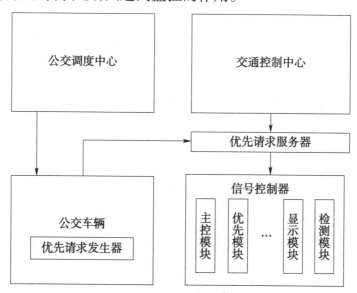

图6-16 基于场地的体系结构

2) 基于场地的物理实体结构框架

在该结构中,主要是公交车辆的优先请求发生器如何与安装在交叉口或信号控制器里面的优先请求服务器进行通信,随着通信技术和检测手段的不断进步,可以采用多种形式进行通信。如图6-17所示,公交车辆可以通过安装在路边的信标(beacon)传输信息,也可以通过无线射频传送公交车辆的信息、请求信号,其检测形式主要取决于公交优先检测系统的检测方式。

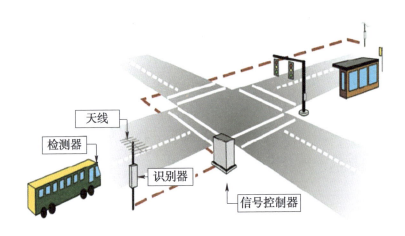

图 6-17 基于场地的 BRT 信号优先物理实体结构框架

四、BRT 信号优先控制系统模式

国内外信号交叉口 BRT 优先按信号控制策略可分为被动优先、主动优先、实时优先三类,其控制措施见表 6-1。

BRT 信号优先控制分类　　　　表 6-1

优先策略	被动优先	主动优先	实时优先
主要措施	增设 BRT 专用相位,根据历史数据进行 BRT 优先信号配时设计	绿灯时间延长,绿灯相位早启	主要是根据实时信息优化信号配时
	BRT 预信号公交优先	插入相位	延误优化
	调整周期时长	跳跃相位	交叉口控制
	相位分割	倒转相位	网络控制

（一）传统信号控制模式

1. 固定周期控制模式

固定周期控制算法是最简单的控制算法，是被证明最有效的交通控制算法之一。固定周期控制建立在历史交通数据的基础上，假定交通环境在一定的时期内保持不变。为了保证各车道的车辆均得以放行，但又不造成不同车道之间冲突，因此需要规定不同的相位，并给定每种相位固定的时间，然后交通控制器按这种规律周期地执行，因此又称为"固定配时"方案。但事实上，一个路口在不同的时间段内交通流量差别是非常大的，比如一天内的上下班高峰，平时、周末和节假日的交通流量变化异常明显，因此提出了多时段多方案的"固定配时"方案，不同时段内采用不同的控制方案。这种定周期控制方式具有很好的控制效果，至今仍作为交叉路口的一种控制方式被广泛应用。

2. 全感应控制模式

在各进口流量相近，且变化较为频繁的信号控制交叉口，宜采用全感应控制方式。全感应控制与半感应控制的主要区别之一是它所控制的交叉口的所有入口道都设置车辆检测器，检测所得到的交通流数据用来确定该相位信号的绿灯时间。每一个信号相位都设置初始绿灯时间，以保证该相位入口道上等待通行的车辆进入和通过交叉口。各信号相位的初始绿灯时间就是该相位的最小绿灯时间。各信号相位的绿灯时间均可按单位延续绿灯时间延长，直到达到最大绿灯时间为止。每一相位的黄灯时间和全红时间都是预先确定的。

3. 半感应控制模式

在支路流量比较小的信号控制交叉口或路段的人行横道处，可采用半感应控制模式。对一个十字交叉口实行半感应控制,只需在次要道路的两个入口道设置车辆检测器,根据是否有交通需求而确定是否运行该相位,并根据交通需求情况确定相应相位时间。主干道通行的信号相位称为非感应相位,而次要道路获得通行权的信号相位称为感应相位。一般情况下,主干道信号灯一直维持绿灯信号,次干道信号灯总是红灯,只有次要道路上的车辆检测器受到车辆激励,发出感应信号时,其信号灯才可能转为绿灯信号。

(二)BRT全线路段定周期优先感应控制模式

本模式采用了不同于传统模式的定周期优先感应控制,通过分时段遗传算法对全线路口复杂信号控制参数与车辆调度参数进行协调优化,使各路口信号之间、路口信号与车辆运行之间协调配合,实现BRT车辆信号优先和社会车辆理想运行的综合最优控制。

1. 优化思想

由于公交线路具有路口多且交通流复杂而随机的特点,信号控制既需要满足BRT优先车辆的优先需求,又要保障道路交叉口的正常功能,并兼顾各方向交通利益。在这种情况下,要实现全线路口协调控制,大大增加了参数优化的难度。本书采用定周期优先感应控制,在固定周期基础上对BRT车辆相位增加扩展优先和调用优先。扩展优先即当路口信号为绿灯而又不足以让BRT车辆本周期通过时,延长本次绿灯时间,如图6-18所示。调用优先即信号为红灯时,为使BRT车辆尽快通过而提前结束当前状态转为绿灯,如图6-19所示。各路口扩展优先和调用优先的具体时间由BRT车辆运行的实际情况动态设置。考虑到BRT车辆冲突相位的利益,在实施优先后,还需进行信号恢复以补偿冲突相位的绿灯时间损失。

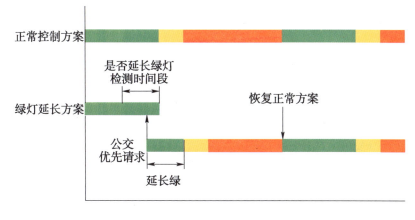

图 6-18　扩展优先

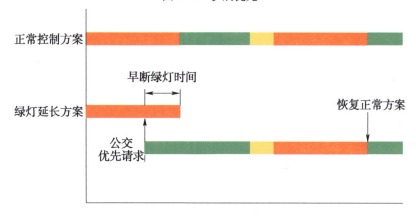

图 6-19　调用优先

2. 控制流程

1) 效益指标 PI 值的确定

用交叉口的总体延误来衡量公交优先的效益,引入效益指标函数 PI,代表优先相位获得的效益与非优先相位损失的效益之差。优化目标需要大于某一个阈值(本书取 0),才能让公交车优先。分析公交相位减少的延误是否大于非公交相位增加的延误,来判断采用扩展优先和调用优先是否可行,则建立效益指标函数反映公交相位减少延误和非公交相位增加延误之间的关系。优化目标函数 PI 可按式(6-1)计算。

$$PI = \Delta D_i - \sum_{j=1}^{n} \Delta D_j \qquad (6\text{-}1)$$

式中：PI——公交优先相位，s；

ΔD_i——公交优先相位减少的延误，s；

$\sum_{j=1}^{n} D_j$——非公交优先相位增加的延误之和，s；

i、j——变量，其中 $I \leq i \leq n-1$。

2）公交车在红灯时间内到达的控制流程（图6-20）

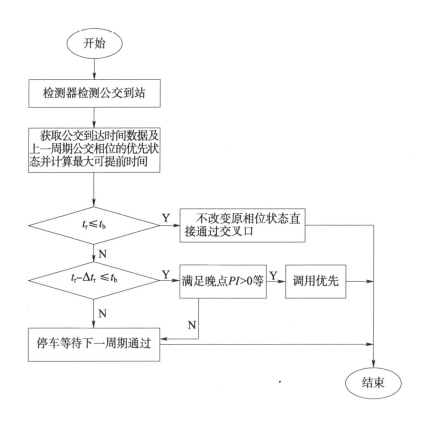

图6-20 公交在红灯时间到达的控制流程图

公交车在红灯期间内到达检测器就意味着目前显示绿灯相位为非公交相位，那么就需要在非公交相位的检测时刻进行优先方式选择，具体控制过程如下。

步骤1：检测器检测每一辆公交车，并预测公交车到达停车线时刻，并把这些时间数据存放在公交车到达时间数据库中。

步骤2：计算相位剩余红灯时间(t_r)和车辆从检测器到交叉口的时间(t_b)，如果$t_r \leq t_b$，车辆能直接通过，不进行控制。

步骤3：如果$t_r > t_b$，设绿灯最大可提前启亮时间为Δt_r，若$t_r - \Delta t_r \leq t_b$，则进行绿灯提前启亮的PI值和相应参数计算，如果不晚点或其他参数不满足等，则停车等待下一周期通过，否则，则提前启亮绿灯实施调用优先控制策略。

步骤4：如果$t_r - \Delta t_r > t_b$，则停车等待下一周期通过。

3) 公交车在绿灯期间到达时的控制流程（图6-21）

由于公交车在绿灯时间内到达检测器，即当前显示绿灯相位为公交相位，具体控制流程如下。

步骤1：检测器检测每一辆公交车，并预测公交车到达停车线时刻，并把这些时间数据存放在公交车到达时间数据库中。

步骤2：在公交相位的检测时刻，查看公交车的到达情况，并依据上一周期公交相位的优先状态和各相位的显示绿灯时间等数据基础，计算本周期公交相位的最大绿灯时间。

步骤3：如果所剩绿灯时间$t_g \geq t_b$，则公交车可直接通过。

步骤4：如果所剩绿灯时间$t_g < t_b$，设绿灯延时最大时间为Δt_g，如果$t_g + \Delta t_g \geq t_b$，则进行绿灯延长的PI值等参数的计算，若晚点且$PI > 0$等参数满足，则公交绿灯延长实施扩展优先策略，否则，停车等待下一个周期通过。

步骤5：若$t_g + \Delta t_g < t_b$，则停车等待下一个周期通过。

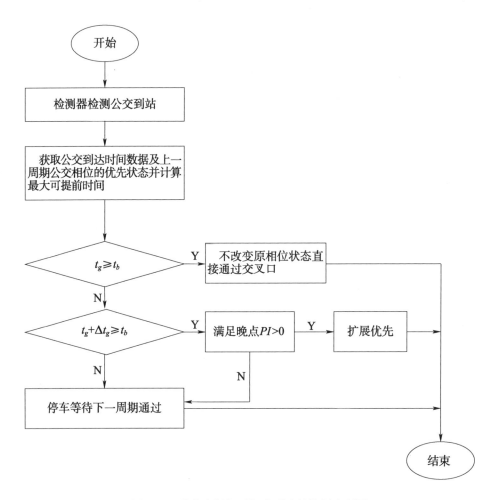

图 6-21 公交在绿灯时间内到达的控制流程图

(三)我国 BRT 信号优先控制模式选择

根据我国的交通流运行特征,适应我国快速公共汽车交通信号优先的有高、中、低三种水平的 BRT 信号优先控制模式。

(1)高等水平的 BRT 信号优先控制模式。针对早晚高峰等交通流量大、延误时间长等交通情形,采用对全线路段进行定周期的优先感应控制模式,在固定周期基础上对 BRT 车辆相位增加扩展优先和调用优先,实时监测整个路网系统,考虑到整个道路网络 BRT 的乘客数,提前、正点或晚点到达等信息,并基于实时信息对交叉口信号配时进行优化,给予 BRT 优先信号的控制模式。

(2) 中等水平的 BRT 信号优先控制模式。针对平峰时段道路交通运行情况的特点,采用对部分路段进行定周期的优先感应控制模式,通过对部分交通压力大的路段的实时检测,提取相应的 BRT 乘客数以及发车等信息,并基于实时信息对路网进行主动信号优先控制,提高路网的运行水平。

(3) 低等水平的 BRT 信号优先控制模式。针对低峰时段道路交通的运行情况,表现为交通量小、乘客出行需求稳定的特点,因此选用被动优先的控制模式,适当增加 BRT 专用车道的绿灯时间,从而有效地提高城市交通流的服务水平。

第六节　城市快速公共汽车交通信号优先控制系统评价

信号优先控制作为公交优先在时间上的主要体现手段,处于用户是否接受公交优先的关键阶段,信号优先控制的实施状况直接影响到公交优先的整体运营,为此对于信号优先控制系统的评价显得尤为必要。其评价目的主要体现在以下方面。

(1) 明确方案的可行性。评价是确定每一个备选方案的价值以及一个方案相对于其他方案可取性的过程,其关键是要确定衡量方案价值的评价指标体系与评价方法。

(2) 为决策者提供政策建议的影响、权衡轻重和不确定性的主要方面等信息。不仅要明确影响的程度,而且要指出受每一备选方案积极或消极影响的团体、阶层和社区,因此评价过程必不可少。

明确了评价的重要性后,就要选择合适的评价方法。评价方法大体可以分为两类:主观赋权评价法和客观赋权评价法。

主观赋权评价法多是采取定性的方法,由专家根据经验进行主观判断而得到权值,如层次分析法(AHP)、模糊综合评判法等;客观赋权评价法则是根据指标之间的关系或者各项指标的变异系数来确定权值,如主成分分析法(PCA)、灰色关联度法等。在选择评价方法时,应考虑这种方法在这两方面的优势与不足。应用较多的方法有:德尔菲法(Delphi法)、主成分分析法、模糊综合评判法、层次分析法、聚类分析法和灰色关联度法等。

由于层次分析法(AHP)既有客观评价指标选取与计算,又有专家的主观权重估计,其评价的内容较为全面,并且是具有直观、层次分明的塔式结构。因此,本书选择层次分析法对 BRT 信号优先控制系统进行评价。

一、评价指标体系研究

层次分析法是塔式结构的经典应用,这种结构首先将评价总目标按照逻辑分类展开为若干子目标,然后再依次将各子目标分别展开成若干分目标,以此类推,直到展开成为可定量或定性分析的指标为止。这种结构选取的指标与目标直接相关,具有层次性,并可随着目标的增多而扩充,指标之间为相互平行或顺序的关系。

本书的评价指标体系由目标层—准则层—指标层 3 个层次构成。目标层——综合评价指标体系的最高层,用来反映本次评价工作的最终目的。准则层——将目标层依据一定的标准分为几个子系统,分别从不同的层面全面反映目标层情况。指标层——综合评价指标体系最低的一层,对准则层各子系统加以更深化细致的分类,具体地从数量、强度、变化程度等方面描述了状态层内指标的水平。

(1) 目标层：BRT 信号优先控制系统评价指标体系。本书对 BRT 信号优先控制系统的评价拟从三个方面进行，最终目标是对 BRT 信号优先控制系统进行综合评价，但在这一目标之下，设立 BRT 车辆运行状况、背景交通运行状况、行人出行情况这三个准则层。这样设置是从管理运营者的角度将目标层进行分类划分，不仅能够全面反映目标层所关注的全部问题，同时也易于对指标进行归类整理，在分析评价过程中，能够明确地找出某一指标直接影响 BRT 信号优先控制建设运营的哪一环节，并能针对这一指标提出相应的改善意见。

(2) 准则层：建立目标层后，要根据目标层建立相关的准则层，要选取相应的内容反映目标层的评价效果，建立准则层有助于对评价指标的选取。BRT 信号优先控制系统是对于 BRT 车辆的一个控制系统，对其评价归根到底是对于单点交叉口实施 BRT 信号优先控制系统后的评价。本书将根据交通流的性质，将准则层划分为 BRT 车辆运行状况、背景交通运行状况、行人出行情况。准则层的建立有助于对于指标的提出与分类。

(3) 指标层：明确了目标层，提出准则层，需要根据准则选出指标层。指标的选取要全面准确地反映评价指标体系。

①BRT 车辆运行状况：BRT 信号优先控制系统实行的目的在于为 BRT 提供便利的控制配时，使其快速通过交叉口，而 BRT 车辆运行的一个基本特点是具有广大的客流量，故选取的指标为人均等待时间、人均延误、人均通行能力等。

信号交叉口通行能力计算见式(6-2)。

$$N_{ij} = \frac{s_{ij} \times g_i}{C} = s_{ij} \times \lambda_i \qquad (6-2)$$

式中：N_{ij}——相位 i 的 j 进口道的通行能力，pcu/s；

s_{ij}——相位 i 的 j 进口道的饱和流量，pcu/s；

g_i——相位 i 的有效绿灯时长，s；

λ_i——相位 i 的绿信比；

C——交叉口的周期时长，s。

一个周期内交叉口的通行能力应等于各个进口道通行能力之和，见式(6-3)。

$$N = \sum_{i=1}^{i=n} \sum_{j=1}^{j=m_i} s_{ij} \times \lambda_i \qquad (6\text{-}3)$$

式中：N——交叉口的通行能力，pcu/s；

n——交叉口的相位数量，个；

m_i——相位 i 的进口道数量，个。

根据韦伯斯特延误及交通流理论，可以推导交叉口人均延误，推导过程见式(6-4)~式(6-6)。

$$d_p = \frac{D_p}{\sum_{i=1}^{n}\sum_{j=1}^{m_i}(q_{ij}^c p_c + q_{ij}^b p_b)} \qquad (6\text{-}4)$$

$$D_p = \sum_{i=1}^{n}\sum_{j=1}^{m_i} d_{ij}(q_{ij}^c p_c + q_{ij}^b p_b) \qquad (6\text{-}5)$$

$$d_{ij} = \frac{C(1-\lambda_i)^2}{2(1-y_{ij})} + \frac{x_{ij}^2}{2q(1-x_{ij})} \qquad (6\text{-}6)$$

式中：d_p——人均延误，s；

d_{ij}——第 i 相位第 j 进口车道的车均延误，s；

p_c、p_b——社会车辆、BRT 车辆的平均载客量，人/辆；

q_{ij}^c、q_{ij}^b——第 i 相位第 j 进口的社会车辆、BRT 车辆的流量，辆/h；

D_p——交叉口总延误，s；

y_{ij}——第 i 相位进入 j 进口车道饱和度；

x_{ij}——y_{ij} 的流率比。

②行人出行情况:行人通过交叉口情况同样受到 BRT 信号优先控制系统的影响,所以也要将其纳入评价范围。选取指标有人均等待时间、流量等。

二、评价方法研究

评价指标确定后,采用层次分析法对其进行评价。具体实施步骤如下。

1) 评价指标标准化

由于给出评价指标的单位不统一,并且指标代表的属性与意义也不尽相同,所以要对指标进行无量纲化处理,这里采用极差法。

对越大越优型指标的无量纲化处理见式(6-7)。

$$v(i) = \frac{x(i)}{x_{\max}(i) + x_{\min}(i)} \tag{6-7}$$

对越小越优型指标无量纲化处理见式(6-8)。

$$v(i) = \frac{x_{\max}(i) + x_{\min}(i) - x(i)}{x_{\max}(i) + x_{\min}(i)} \tag{6-8}$$

对越中越优型指标的无量纲化处理见式(6-9)。

$$v(i) = \frac{x_i}{x_{\max}(i) + x_{\min}(i)}, x_{\min}(i) < x(i) < x_{\min}(i)$$

$$v(i) = \frac{x_{\min}(i) + x_{\min}(i) - x(i)}{x_{\max}(i) + x_{\min}(i)}, x_{\mathrm{mid}}(i) < x(i) < x_{\max}(i) \tag{6-9}$$

式中:$x_{\max}(i)$、$x_{\min}(i)$、$x_{\mathrm{mid}}(i)$——分别代表第 i 个指标的最大值、最小值和中间最适值;

$v(i)$——标准化后的评价指标值。

2) 构造初始判断矩阵 $A = [a_{ij}]_{n \cdot n}$

利用层次分析法的思想,第一步应为构造初始判断矩阵。但由于参加打分的专家人数较多,每位专家构造的判断矩阵不尽相同,因此对每位专家所构造的判断矩阵进行综合处理,得到一致性较强的初始判断矩阵 A。

3)判断矩阵一致性检验及校正

一致性检验的目的是保持初始判断矩阵 $A=[a_{ij}]_{n\cdot n}$ 内 a_{ij} 之间在思想上的逻辑性。尽管在初始判断矩阵构造步骤中已采取了增强判断矩阵一致性的措施,但不能完全保证所得的初始判断矩阵一致性符合要求。若计算所得的一致性比例 $CR<0.10$,则表示判断矩阵具有一致性,否则,说明一致性不符合,应对初始判断矩阵进行校正和调整。

4)权重计算

结合第二步中校正后符合一致性的判断矩阵,利用矩阵排序矢量,求出每个指标的权重系数 ω_i。

5)综合评价指数计算

将得到的无量纲化指标构造矩阵,赋予权重,并进行加权求值,得到综合评价指数。

第七节 北京市南中轴 BRT 线路智能系统工程

一、南中轴 BRT 线路概况

北京南中轴快速公共汽车交通是根据公共交通发展的需要,借鉴国外先进公交理念和技术而设计的第一条大容量快速公共汽车交通线路。线路自市中心向南,穿越崇文、丰台两个行政区,南部起点为德茂庄,终点为前门,途经前门、永定门、木樨园、和义小区、东高地、航天一院等商业、交通和居民小区集中地区,并辐射大兴和亦庄两个边缘集团,沿途与二环路、三环路、四环路、五环路和地铁 2 号线相衔接,全长约 16km,共设车站 17 个,站台 21 座,其中公交换乘站 6 座,是南北公共交通大动脉,如图 6-22 所示。

图 6-22　南中轴 BRT 线路示意图

二、智能系统组成

南中轴 BRT 智能系统的组成如图 6-23 所示。

从物理结构上看,BRT 智能系统包括车站电子设备、停车场电子设备、车载电子设备、调度中心电子设备、公交信号优先相关电子设备等,如图 6-24 所示。它们一起为 BRT 智能系统提供稳定、可靠的硬件支撑平台。

南中轴快速公共汽车交通系统从德茂庄 BRT 场站至天坛站采用专用光缆,天坛站至前门站之间没有光缆。前门站采用网通专线接入系统,如图 6-25 所示。

三、调度系统实施方案

本方案考虑到系统的平滑过渡和北京 BRT 线路调度系统的一致性,

计划直接移植海信公司在安立路成功部署的软件系统,并针对南中轴 BRT 的相关硬件设备接口做定制开发,以及针对南中轴路运营实际进行定制部署和历史数据迁移。通过合理部署各种系统软件,保证各应用系统之间的协同合作,信息共享。

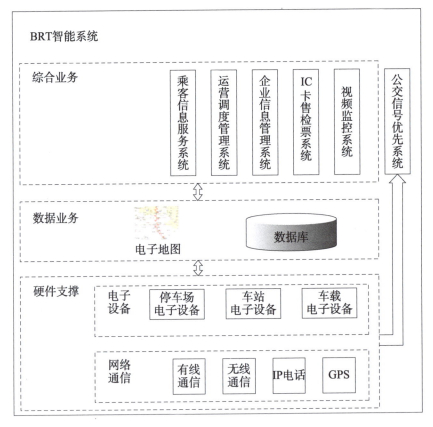

图 6-23 南中轴 BRT 智能系统

原安立路 BRT 调度软件系统已经实现了对三级调度数据的支持,升级改造沿用现有安立路软件版本,可以确保对南中轴 BRT 调度软件系统也实现对三级调度数据的支持,并在项目实施时对此功能给予重点保障。

调度系统框架结构如图 6-26 所示,其系统功能见表 6-2。

城市快速公共汽车交通智能控制、调度技术与系统　第六章

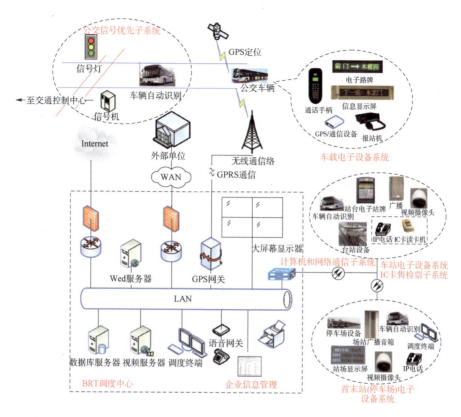

图 6-24　南中轴 BRT 智能系统物理结构

图 6-25　BRT 光纤系统结构拓扑图

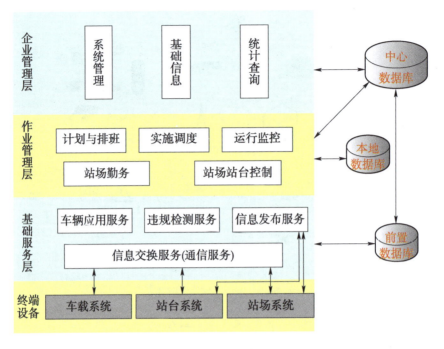

图 6-26 调度系统框架结构图

系 统 功 能 列 表　　　　　　　　　　表 6-2

序号	项　目		功　能	功 能 描 述
1	运行计划系统			
1.1.0	行车计划管理	计划参数配置	完成计划参数配置	实现行车计划快速录入、自动生成,辅助业务人员快速编制行车计划,提高业务人员工作效率
1.1.1	行车计划管理	编制行车计划	手工录入空白计划	
1.1.2	行车计划管理		快速复制已有计划	
1.1.3	行车计划管理		自动生成高级计划	
1.1.4	行车计划管理		审核、发布	
1.1.5	行车计划管理		注销	
2	运行配车管理系统			
2.1.1	配车排班	配人	人车线关系	通过将人员和车辆进行关系关联,为快速编制配车提供方便
2.1.2	配车排班	配车		
2.1.3	配车排班	配驾乘		

续上表

序号	项目	功	能	功能描述
2.1.4	配车排班	轮班组编辑	手工维护方式转班	通过将人员和车辆进行关系关联,为快速编制配车提供方便
2.1.5	配车排班	轮班组编辑	选轮班组方式	
2.1.6	配车排班	轮班组编辑	组内方式转班	
2.1.7	配车排班	人员假事	—	
2.1.8	配车排班	车辆假事	—	
2.1.9	配车排班	轮休管理	人工轮休	
2.1.10	配车排班	编制配车	手工、复制、路牌循环	
2.1.11	配车排班	审核发布注销	—	
3		实时调度管理系统		
3.1.1	发车调度	手动发车	全程调度	提供手动和自动相结合的发车方式,灵活调度(适合多种线路情况,比如:放大站情况)
3.1.2	发车调度	手动发车	放空调度	
3.1.3	发车调度	手动发车	区间调度	
3.1.4	发车调度	自动加载发车	单向自动发车	
3.1.5	发车调度	自动加载发车	双向自动发车	
3.1.6	发车调度	自动收集模式	—	—
3.1.7	发车调度	人员考勤	打卡考勤	记录现场人员考勤情况
3.1.8	发车调度	人员考勤	调度上班	
3.1.9	发车调度	人员考勤	添加驾乘资源	
3.1.10	发车调度	人员考勤	调整驾乘人员	
3.1.11	发车调度	人员考勤	调整配车上下班时间	
3.1.12	发车调度	人员考勤	产生刷卡记录	
3.1.13	发车调度	人员考勤	调整记录	
3.1.14	发车调度	人员考勤	其他考勤	
3.2.1	非营运调度	出场调度	—	完成现场的非营运指挥
3.2.2	非营运调度	进场调度	—	
3.2.3	非营运调度	加油调度	—	

续上表

序号	项 目	功 能	功能描述
3.2.4	非营运调度	维修调度	—	完成现场的非营运指挥
3.2.5	非营运调度	包车调度	—	
3.2.6	非营运调度	维修调度	—	
3.2.7	非营运调度	空放调度	—	
3.2.8	非营运调度	其他调度	—	
3.3.1	异常调度	故障调度	添加非营运调度计划	处理现场的异常情况（考虑由于路阻造成的车辆不按照正常线路行驶在越界等方面的处理）或需增加的车次
3.3.2	异常调度	事故调度		
3.3.3	异常调度	烂班登记		
3.3.4	异常调度	其他调度		
3.4.1	车辆运行监控	车辆运行图	—	实时监控车辆运行状态
3.4.2	车辆运行监控	停站车辆	—	
3.4.3	车辆运行监控	车辆进出场监控	—	
3.4.4	车辆运行监控	车辆位置监控	—	
3.4.5	车辆运行监控	车辆间距监控	—	
3.4.6	车辆运行监控	违规监控	—	
3.4.7	车辆运行监控	运行状态监控	—	
3.4.8	车辆运行监控	运行偏差监控	—	
3.4.9	车辆运行监控	车辆预计到达	—	
3.4.10	车辆运行监控	线路车辆状态情况监控	—	
3.4.11	车辆运行监控	非营运状态	—	
3.4.12	车辆运行监控	动态日志	—	
3.4.13	车辆运行监控	调度排队（上行和下行）	—	
3.4.14	车辆运行监控	计划监控	—	
3.4.15	车辆运行监控	配车排班表	—	
3.4.16	车辆运行监控	非营运调度记录	—	

续上表

序号	项目	功能		功能描述
3.4.17	车辆运行监控	车辆运行计划	—	实时监控车辆运行状态
3.4.18	车辆运行监控	简易地图	—	
3.5.1	GIS 监控	GIS 地图	—	—
3.5.2	GIS 监控	历史回放	—	
3.5.3	GIS 监控	到离站记录查询	—	
3.6.1	指令发送	单车发送	—	向车辆发送指挥指令
3.6.2	指令发送	短信群发	—	
3.7.1	配置	通信服务器	—	提供营运成果查询手段
3.7.2	配置	数据服务器	—	
3.7.3	配置	地图	—	
3.7.4	配置	自定义选项	—	
3.8.1	业务盘点	导入计划	—	盘点营运数据,确保数据的完整性
3.8.2	业务盘点	盘点车次	—	
3.8.3	业务盘点	重新盘点	—	
3.8.4	业务盘点	补齐车次	—	
3.8.5	业务盘点	车次无效	—	
3.8.6	业务盘点	删除计划	—	
3.8.7	业务盘点	追加车次	—	
3.8.8	业务盘点	查看 GPS	—	
3.8.9	业务盘点	确认车次	—	
3.9.1	调度日报	—	—	—
3.10.1	人车状态	—	—	—
3.11.1	配车日报	—	—	—
3.12.1	大间隔记录（双车记录）	—	—	—
3.13.1	调度日志	—	—	—

续上表

序号	项 目	功 能		功 能 描 述
3.14.1	工作流水（路单查询）	—	—	—
3.15.1	日志查询	按条件	—	—
4	运行监控管理系统			
4.1.1	运行监控	GIS监控	—	实现服务和安全的实时监管
4.1.2	运行监控	车辆数据汇总	—	
4.1.3	运行监控	车辆实时状态	—	
4.1.4	运行监控	车辆位置监控	—	
4.1.5	运行监控	选择监控	—	
4.1.6	运行监控	锁定监控	—	
4.1.7	运行监控	轨迹绘制跟踪	—	
4.1.8	运行监控	客流监控	—	
4.1.9	运行监控	车辆点名	—	
4.1.10	运行监控	多视图监控	—	
4.2.1	违规监控	违规定位	—	—
4.2.2	违规监控	违规信息	列表弹出，请求处理	
4.3.1	维修支持	通信状态监控（G、R）	—	提供设备状态，为维修提供支持
4.3.2	维修支持	车载设备故障监控	—	
4.4.1	轨迹回放	按线路回放	—	提供违规稽查取证
4.4.2	轨迹回放	单车回放	—	
4.4.3	轨迹回放	回放控制	—	
4.4.4	轨迹回放	地图输出	—	
4.4.5	轨迹回放	违规凭证打印	—	
4.5.1	查询	目标模糊查询	—	查询运行车辆和车辆历史运行情况
4.5.2	查询	到离站查询	—	
4.5.3	查询	违规报警查询	—	

四、公交信号优先实施方案

1. 系统逻辑结构

公交信号优先系统的体系结构如图 6-27 所示,RFID 有源标签设置在公交车辆上,RFID 阅读器设置在路口。当公交车辆接近路口时,有源标签射频装置向路边的 RFID 阅读器发送公交车辆相关信息,包括:公交车辆的 ID 编号、出行线路、优先级别、出行方向、时间等。RFID 阅读器经过识别、校验后将该信息传送给路口的信号优先申请接入设备。经过申请接入设备处理后,一方面通过 2M 宽带传输至信号管理平台的公交信号优先模块,由平台进行统计分析工作;另一方面,通过 I/O 接口将相关的信号优先申请传输至路口的信号控制器,再由信号控制器控制路口信号灯执行响应的公交优先动作。

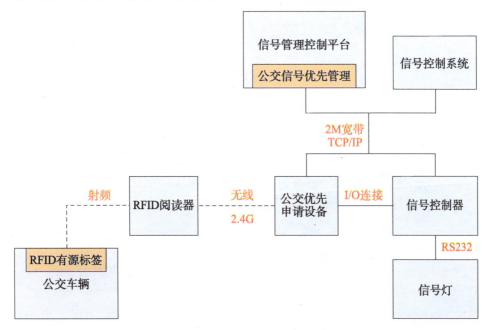

图 6-27 公交信号优先系统体系结构

2. 系统物理结构

公交信号优先系统的物理结构如图 6-28 所示,其中 RFID 有源标签设置在公交车辆的车头位置,RFID 天线及阅读器设置在靠近路口的道边,信号控制器及优先申请接入设备设置与信号机箱内。

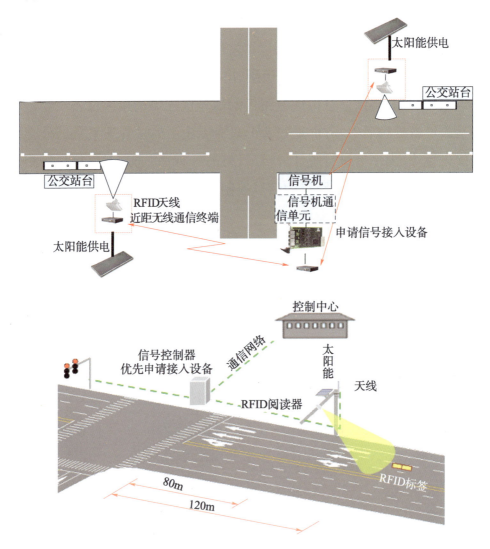

图 6-28　公交信号优先系统物理结构示意图

其中，RFID 阅读器和信号优先申请接入设备间通过无线 RS232 连接，而信号控制器和优先申请接入设备间则通过 I/O 接口连接,传输信号为 0/1 信号;同时,信号优先申请接入设备通过 2M 宽带线路连接至控制中心。

3. 系统监控平台

公交信号优先系统监控平台如图 6-29 所示。

图 6-29　监控平台

第七章

城市快速公共汽车交通系统运营评价指标体系与评价方法

城市快速公共汽车交通系统

第一节 概 述

一、评价目的

近年来,随着我国引入 BRT,BRT 建设与发展一直处于积极的发展态势中。总的来说,在我国 BRT 已经得到广泛好评。但是不可否认,BRT 毕竟还是新鲜事物,在实际应用过程中还是存在很多意想不到的问题,如规划设计方面、运营管理方面等,这些问题在某些程度上影响了 BRT 在我国的发展,甚至波及城市交通系统的建设和发展。从根本上说,这些问题产生的主要原因集中体现在盲目照搬、缺乏整体规划、注重形式而缺乏内涵等,因此,对 BRT 进行全面、整体、客观公正的评价是非常必要、必须和迫切的。目前,国际上尚没有一个公认的评价体系和评价方法,基于此,结合国内外 BRT 发展情况,开展适合我国城市的快速公共汽车交通系统的评价体系,对于推进我国 BRT 健康发展尤为重要。

我国城市快速公共汽车交通系统评价是一项综合的、有针对性的评价,不仅涉及轨道、常规地面公交等交通方式,而且也涉及客流方向、城市发展等问题。

对运营中的 BRT 进行运营评价有以下 3 个方面的目的。

1. 科学评价城市 BRT 运营及服务质量水平

城市 BRT 运营评估体系可以度量城市 BRT 发展目标实现的进展,较全面地反映当前我国各城市快速公共交通在运营的过程中的实际状况,及时发现问题及不足之处,可以有效地帮助提高 BRT 运营水平,朝着大众所期望的公交运输服务水平迈进。

2. 进一步贯彻落实可持续城市交通系统及公交优先战略政策

构建符合公交优先战略政策的指标,通过面向BRT运营评价的指标体系来进一步规范公共交通的发展,使公交更能适应城市发展和居民要求,并且在管理上职责明晰、绩效显著、评估简约,兼顾求实和前瞻,为城市可持续交通系统发展开拓广阔的空间。

3. 为国家及地方城市客运管理行政职能部门制定行业标准、规范、法规等提供参考

构建面向BRT运营评价的指标体系可为行业协会制定行业经营管理标准及运输服务标准提供参考,以促进提高BRT的运行效率,最终为各级行政职能主管部门制定行业相关规范、法规等提供依据,并作为公交优先的政策支撑,使得公交优先的落实有法可依。

二、评价内容及机制

1. 事前评价机制

1)评价主体及职责

公共交通行业管理机构负责组织BRT运营前评估和评估结果公布工作。由公共交通行业管理机构、公共交通运营行业以及行业专家等组成评价小组,对第三方咨询机构评估报告进行审查核实。

2)评价机构

城市公共交通行业管理机构通过公开招标或竞争性谈判选定社会第三方评价机构,按照科学、合理的原则,对BRT运营前进行可行性分析及评估,并对提供报告的真实性、准确性负责。

3)评价流程

由评价工作小组进行相关数据的收集、汇总和整理等工作。第三方

评估机构将数据进行分析并形成 BRT 运营前评估报告。经评价工作小组审查核实后,提交至城市公共交通行业管理机构。公共交通行业管理机构负责向社会公告评估结果并收集反馈意见。

2. 事后评价机制

1)评价主体及职责

成立 BRT 企业运营评估评价委员会,主要负责运营评价结果的审查和认定,以及对经营者提出的异议进行裁定;委员会由城市公共交通行业管理机构人员、行业专家、媒体和市民代表等组成;委员会主任由委员选举产生,负责主持评价工作。考核委员会下设考核工作小组,主要负责完成考核资料的收集、资料审查及考核的初评工作;考核工作小组的人员主要由城市公共交通行业管理机构的相关人员组成;委员会的主要职责为起草考核评价流程及操作规范,定期开展运营调查和评价,对 BRT 运营企业提出改进运营建议。

2)评价机构

城市公共交通行业管理机构通过公开招标或竞争性谈判选定社会第三方评价机构,按照公平、公正原则,依据 BRT 运营评价指标对 BRT 运营水平进行定期测评,出具评价报告,并对提供报告的真实性、准确性负责。

3)评价流程

BRT 运营评价流程主要包括初评和最终评议两个阶段。初评的主要责任主体是考核工作小组,最终评议的责任主体为考核委员会。由企业、第三方测评机构等报送的评价资料,经考核工作小组预审后,作为第三方机构出具调研报告的重要数据来源。第三方测评机构的调研报告经审查核实后,由考核工作小组形成初评结果并报送考核委员会,考核委员会对初评结果进行严格审查、认定后,其评价结果由城市公共交通行业管理机构向社会公布,并征询企业意见。若企业有异议提出申诉并经考核委员会认定,则须重新进行评价。

第二节 运营评价指标体系

一、几种典型评价指标体系

1. 快速公共汽车交通服务水平和服务质量的评价

BRT作为国内开展评价研究的热点领域,行业内对它的评价主要应以营运线路中乘客的方便性、安全性、舒适性、准点性等指标为准则,构建快速公共汽车交通服务水平评价指标体系的递阶结构,如图7-1所示。

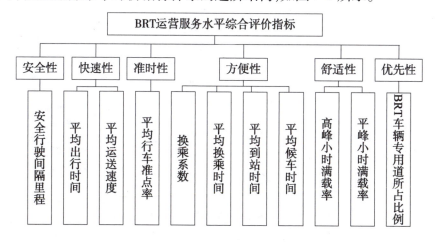

图7-1 BRT运营服务水平评价指标体系结构图

2. 快速公共汽车交通系统的综合评价

综合评价主要有三种观点。第一种观点认为应从快速公共汽车交通的特点出发,以常规地面公交评价体系为依托,探讨快速公共汽车交通评价的内容和理论方法,建立快速公共汽车交通技术评价、经济评价、社会环境影响评价三方面的评价指标体系,如图7-2所示。

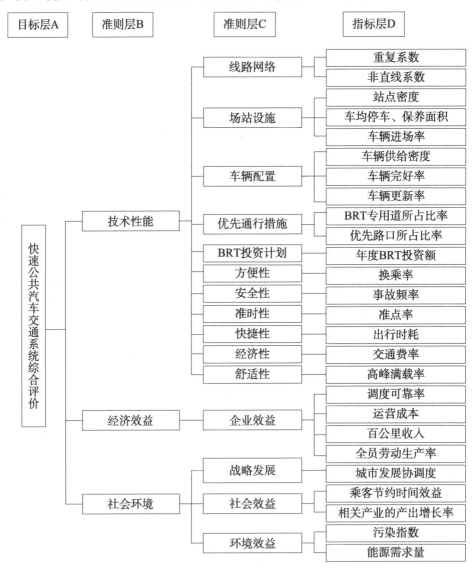

图 7-2 快速公共汽车交通综合评价指标体系结构图

第二种观点是从设施水平、服务水平、效益水平和与城市协调水平四个方面构建了适合快速公共汽车交通系统的评价指标体系及其递阶层次结构,并对各评价指标的含义进行具体的说明,提出各评价指标的等级划分标准,如图 7-3 所示。

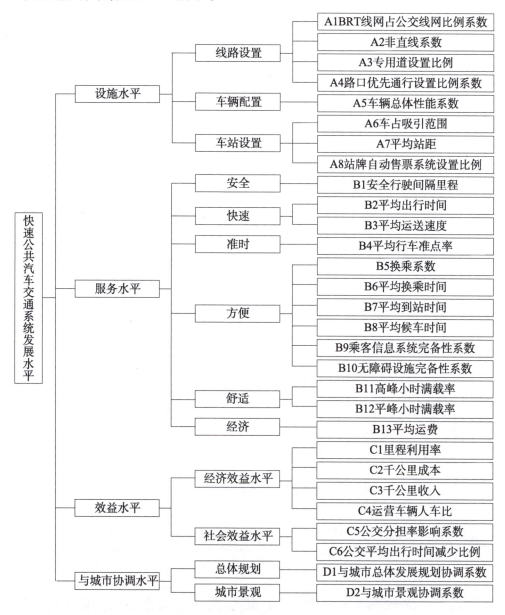

图 7-3 快速公共汽车交通系统发展水平评价指标体系结构图

第三种观点认为应该在分析快速公共汽车交通系统特点的基础上，从单个快速公共汽车交通系统的绩效评价、多个快速公共汽车交通系统的比较评价、快速公共汽车交通与其他公共交通方式的比较评价和不同时期快速公共汽车交通系统的比较评价4个角度，分别建立不同的评价指标体系，提出快速公共汽车交通系统的评价方法。

3. 快速公共汽车交通营运效率评价

快速公共汽车交通运营效率评价过程包括对评价指标的划分，对BRT运行指标的评价和对BRT要素的评价。BRT运行指标的评价主要内容包括：全旅程时间、排班契合率、客流量、对其他交通的影响、土地使用和城市规划、形象和公众理解、成本、效果、成本效率等。对BRT要素的评价则有：快速通道路权、限站停靠公交车、汽车的设计、交通信号优先和优先插入、售检票系统、公交中途站、终点站、停车场的设计、乘客信息系统、精确停泊和实时终端指引系统、汽车定位系统以及市场经营和竞争等。

4. 快速公共汽车交通发展水平评价

快速公共汽车交通系统发展水平评价指标体系，是从快速公共汽车交通系统的设施投入水平、运营服务水平、综合效益水平进行划分，分别以相应的多项单因素为指标，从不同的方面对快速公共汽车交通系统的性能和价值做出描述，并利用层次分析法建立快速公共汽车交通发展水平指标体系，为快速公共汽车交通发展水平的综合评价提供便利。指标体系如图7-4所示。

二、公共交通国际通用指标

1. 基本指标

由于各国采用的基本指标各不相同，为便于交流、比较，国际公共交通会议确定了以下10项基本指标：服务人口、服务面积、线路数、车站数、车辆数、运行车公里、客流量、乘客公里、平均运距和定期车票平均人次。其中,后两项指标是计算客流的基础。通过上述指标,可以比较清楚地了解城市的交通结构及交通系统运行状况。

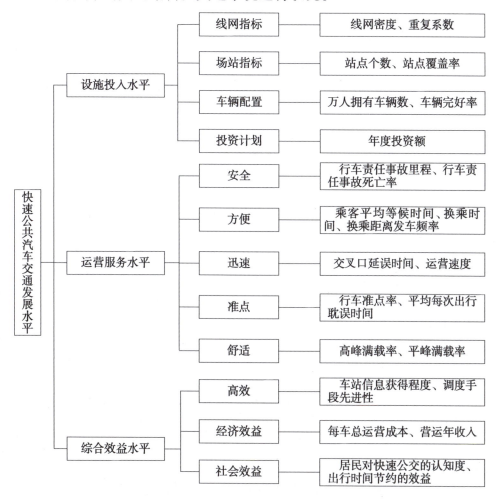

图 7-4 快速公共汽车交通发展水平评价指标体系结构图

2. 单位指标

为进一步了解各公交企业服务情况,便于进行各城市间横向比较,国际公共交通会议还确定了一组单位数值指标,包括人口密度指标(千人/km²)、服务指标(车站数/km²)、供给指标(km/人年)、使用指标(人次/人年)和平均运距(km)5项指标。尽管城市大小、人口规模各不相同,但采用了单位数值指标后,就可以把一些不可比的指标,变成可比指标,且计算简便,易于实行。

城市公共交通系统发展水平综合评价指标体系如图7-5所示。

三、运营评价指标体系构建及计算方法

(一)指标体系结构

中国城市BRT运营评价指标体系的评价对象是BRT系统,但从评价内容上来说,不仅仅局限于BRT,而是与其他交通方式有机联系的,会不可避免地涉及与之密切相关的其他交通方式,特别是不同交通方式之间的衔接和高效换乘;从评价涉及广度来说,评价范围要包括BRT系统的基础设施、运营管理和服务水平等诸多方面,力求使评价指标体系全面、规范,真正发挥行业引导的作用。

由于城市BRT运营管理与服务质量的评价涉及面广、内容多,评价指标选取时考虑的影响因素也多,所以采用层次分析方法建立评价指标体系结构模型较为合理。

第一层:目标层,反映BRT的运营水平。

第二层:准则层Ⅰ,包括政府层面的运营设施、运营企业层面的运营管理、乘客服务层面的运营服务3部分。

第三层:准则层Ⅱ,包括运营设施、运营管理和运营服务。

运营设施包括车辆设施、场站设施、站台设施、安全设施、线网设置、优先措施、信息化7项。

运营管理包括车辆管理、安全管理、人力资源管理、效益管理和运营效率5项。

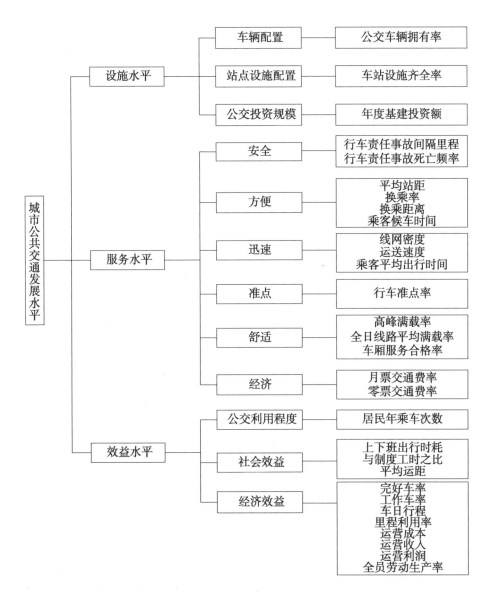

图 7-5　城市公共交通系统发展水平综合评价指标体系结构图

运营服务包括快速性、准时性、方便性、经济性、舒适性和乘客满意度6项。

第四层：指标层，涉及各准则层18项准则，共计40项指标。BRT运营评价指标体系如图7-6所示。

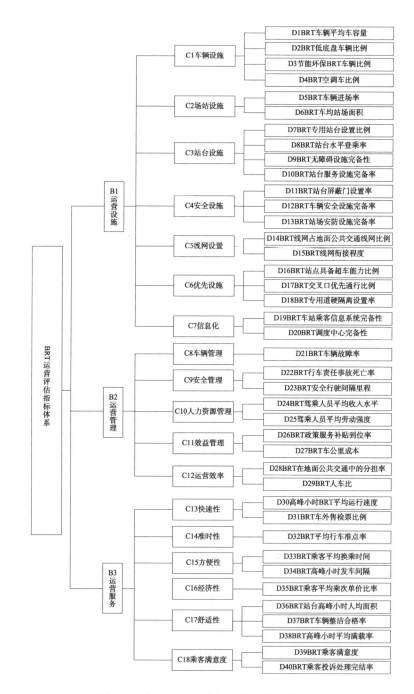

图 7-6 我国 BRT 运营评价指标体系结构图

(二)指标计算方法

1. BRT 车辆平均车容量

1)定义与说明

统计期内,所有 BRT 车辆容量的平均值。

2)计算方法

BRT 车辆平均车容量计算方法见式(7-1)。

$$BRT\ 车辆平均车容量 = \frac{\sum BRT\ 车辆的额定载客量}{BRT\ 车辆总数} \qquad (7-1)$$

3)单位与评价标准(表7-1)

BRT 平均车容量分级表(单位:人/辆)　　表7-1

评价分值	5分	4分	3分	2分	1分
值域范围	≥150	[120,150)	[80,120)	[60,80)	[0,60)

2. BRT 低底盘车辆比例

1)定义与说明

统计期内,低底盘 BRT 车辆标台数占所有 BRT 车辆标台数的比率。

2)计算方法

BRT 低底盘车辆比例计算方法见式(7-2)。

$$BRT\ 低底盘车辆比例 = \frac{低底盘\ BRT\ 车辆标台数}{BRT\ 车辆标台总数} \times 100\% \qquad (7-2)$$

3)单位及评价标准(表7-2)

BRT 低底盘车辆比例分级表(单位:%)　　表7-2

评价分值	5分	4分	3分	2分	1分
值域范围	[90,100]	[80,90)	[60,80)	[30,60)	[0,30)

3. 节能环保 BRT 车辆比例

1) 定义与说明

统计期内,节能环保 BRT 车辆标台数占所有 BRT 车辆标台总数的比例。

节能环保 BRT 车辆包括:

(1) 混合动力车、燃料电池电动车、氢发动机车、纯电动车、其他新能源(如高效储能器、二甲醚)车等;

(2) 液化石油气汽车、压缩天然气汽车、液化天然气汽车、压缩煤层气汽车等;

(3) 无轨电车。

2) 计算方法

节能环保 BRT 车辆比例计算方法见式(7-3)。

$$节能环保 BRT 车辆比例 = \frac{节能环保 BRT 车辆标台数}{BRT 车辆标台总数} \times 100\%$$

(7-3)

3) 单位及评价标准(表 7-3)

节能环保 BRT 车辆比例分级表(单位:%)　　表 7-3

评价分值	5 分	4 分	3 分	2 分	1 分
值域范围	[50,100]	[40,50)	[30,40)	[20,30)	[0,20)

4. BRT 空调车比例

1) 定义与说明

BRT 空调车辆占所有 BRT 车辆的比例。

2) 计算方法

空调车比例的计算方法见式(7-4)。

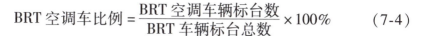

$$\text{BRT 空调车比例} = \frac{\text{BRT 空调车辆标台数}}{\text{BRT 车辆标台总数}} \times 100\% \qquad (7\text{-}4)$$

3）单位与评价标准（表7-4）

BRT 空调车比例分级表（单位:%）　　　　表7-4

评价分值	5分	4分	3分	2分	1分
值域范围	[90,100]	[80,90)	[70,80)	[60,70)	[0,60)

5. BRT 车辆进场率

1）定义与说明

一年内，BRT 运营车辆平均夜间进场停放车辆数（包括在公交专用停车场停放及在公交首末站、维修场或枢纽站中停放的车辆数）与总运营 BRT 车辆数的比值。

进场停放车辆包括在专业停车场停放及在公交首末站、维修场或枢纽站中停放的车辆数；租赁的公交停车场必须有规范的租赁合同并且租赁期限在 10 年（含）以上。

2）计算方法

BRT 车辆进场率的计算方法见式(7-5)。

$$\text{BRT 车辆进场率} = \frac{\sum \text{BRT 每日进场停放车辆数}}{365 \times \text{BRT 车辆总数}} \times 100\% \qquad (7\text{-}5)$$

3）单位及评价标准（表7-5）

BRT 车辆进场率分级表（单位:%）　　　　表7-5

评价分值	5分	4分	3分	2分	1分
值域范围	[90,100]	[80,90)	[70,80)	[60,70)	[0,60)

6. BRT 车均场站面积

1）定义与说明

统计期内,平均每标台BRT车辆所占公交场站面积。

场站包括停车场(含专用停车场、公交首末站停车场、枢纽站中的公交停车场等)、维修场等。租赁的公交停车场必须有规范的租赁合同并且租赁期限在10年(含)以上。

2)计算方法

BRT车均场站面积的计算方法见式(7-6)。

$$BRT车均场站面积 = \frac{BRT场站总面积}{BRT标台总数} \quad (7-6)$$

3)单位及评价标准(表7-6)

说明:BRT标台车均所占场站面积按标准200m^2/标台计算。

BRT车均场站面积分级表(单位:m^2/标台)　　　表7-6

评价分值	5分	4分	3分	2分	1分
值域范围	[180,200]	[160,180)	[140,160)	[120,140)	[0,120)

7. BRT专用站台设置比例

1)定义与说明

统计期内,城市中心城区设置BRT专用站台数量占所有BRT停靠站台的比例。

2)计算方法

BRT专用站台设置比例的计算方法见式(7-7)。

$$BRT专用站台设置比率 = \frac{BRT专用站台的数量}{BRT所有停靠站台} \times 100\% \quad (7-7)$$

3)单位与评价标准(表7-7)

BRT专用站台设置比例分级表(单位:%)　　　表7-7

评价分值	5分	4分	3分	2分	1分
值域范围	[80,100]	[60,80)	[50,60)	[30,50)	[0,30)

8. BRT 站台水平登乘率

1)定义与说明

BRT 站台水平乘降的站台数量与 BRT 站台总数之比。

为提高运营效率,实现水平乘降,站台高度应与运营车辆底板高度基本一致;车辆有轮椅车翻板、抽板的,要考虑翻板、抽板打开需要的高度;同时应考虑满载时车辆地板的下降高度,空气悬架系统的车辆满载后车辆地板下降高度一般不超过 20mm。

2)计算方法

BRT 站台水平登乘率的计算方法见式(7-8)。

$$BRT 站台水平登乘率 = \frac{具有水平登乘设施的 BRT 站台数量}{BRT 停靠站台总数} \times 100\%$$

(7-8)

3)单位及评价标准(表 7-8)

BRT 站台水平登乘率分级表(单位:%) 表 7-8

评价分值	5 分	4 分	3 分	2 分	1 分
值域范围	[80,100]	[60,80)	[50,60)	[30,50)	[0,30)

9. BRT 无障碍设施完备性

1)定义与说明

设有无障碍设施的 BRT 站台与 BRT 站台总数之比。

无障碍设施主要指站台与外界联系的无障碍通道。

2)计算方法

BRT 无障碍设施完备性的计算方法见式(7-9)。

$$BRT 无障碍设施完备性 = \frac{具有无障碍设施的 BRT 站台数量}{BRT 停靠站台总数} \times 100\%$$

(7-9)

3）单位及评价标准（表 7-9）

BRT 无障碍设施完备性分级表（单位：%）　　　表 7-9

评价分值	5 分	4 分	3 分	2 分	1 分
值域范围	[80,100]	[60,80)	[50,60)	[30,50)	[0,30)

10. BRT 站台服务设施完备率

1）定义与说明

BRT 站台服务设施包括：垃圾回收箱、站牌、座椅以及乘客查询系统。如站台有服务人员，可不设乘客查询系统。

计算时，以上设施缺一不可。

2）计算方法

BRT 站台服务设施完备率的计算方法见式(7-10)。

$$BRT 站台服务设施完备率 = \frac{具备齐全的服务设施 BRT 站台数量}{BRT 停靠站台总数} \times 100\%$$

(7-10)

3）单位及评价标准（表 7-10）

BRT 站台服务设施完备性分级表（单位：%）　　　表 7-10

评价分值	5 分	4 分	3 分	2 分	1 分
值域范围	[80,100]	[60,80)	[50,60)	[30,50)	[0,30)

11. BRT 站台屏蔽门设置率

1）定义与说明

设有屏蔽门的 BRT 站台数量与 BRT 停靠站台总数之比。

2）计算方法

BRT 站台屏蔽门设置率的计算方法见式(7-11)。

$$BRT 站台屏蔽门设置率 = \frac{设有屏蔽门的 BRT 站台数量}{BRT 停靠站台总数} \times 100\%$$

(7-11)

3) 单位与评价标准(表7-11)

BRT 站台屏蔽门设置率分级表(单位:%)   表7-11

评价分值	5分	4分	3分	2分	1分
值域范围	[80,100]	[60,80)	[50,60)	[30,50)	[0,30)

12. BRT 车辆安全设施完备率

1) 定义与说明

BRT 安全设施配置齐全车辆占 BRT 车辆总数的比例。

安全设施配置是否齐全主要有以下 5 个方面:

(1) 标示禁烟标志;

(2) 车辆内的逃生安全门能正常使用;

(3) 车辆内逃生安全门使用说明标示清楚;

(4) 车辆内备有灭火器具在有效期限内;

(5) 车辆备有车窗击破器或安全锤(窗户为不可开启式)。

2) 计算方法

BRT 车辆安全设施完备率的计算方法见式(7-12)。

$$BRT 车辆安全设施完备率 = \frac{安全设施配置齐全 BRT 车辆数}{BRT 车辆总数} \times 100\%$$

(7-12)

3) 单位与评价标准(表7-12)

BRT 车辆安全设施完备率分级表(单位:%)   表7-12

评价分值	5分	4分	3分	2分	1分
指数	[90,100]	[80,90)	[70,80)	[60,70)	<60

13. BRT 场站安防设施完备率

1）定义与说明

设有安防设施的 BRT 场站数量占所有 BRT 场站总数的比例。

安防设施包括：视频监控（远程）、夜间防盗系统、封闭场站等。

2）计算方法

BRT 安防设施完备率的计算方法见式(7-13)。

$$BRT\ 场站安防设施完备率 = \frac{设有安防设施的\ BRT\ 场站数量}{BRT\ 场站总数} \times 100\%$$

(7-13)

3）单位与评价标准（表7-13）

BRT 站场安防设施完备率分级表（单位：%） 表7-13

评价分值	5分	4分	3分	2分	1分
值域范围	[80,100]	[60,80)	[50,60)	[30,50)	[0,30)

14. BRT 线网占地面公共交通线网比例

1）定义与说明

公共交通线网中 BRT 线网长度与地面公共交通线网长度之比。

地面公共交通线网主要指常规公交线网，不含轨道交通线网。

2）计算方法

BRT 线网占地面公共交通线网比例的计算方法见式(7-14)。

$$BRT\ 线网占地面公共交通线网比例 = \frac{BRT\ 线网长度}{地面公共交通线网长度} \times 100\%$$

(7-14)

3）单位与评价标准（表7-14）

BRT 线网占地面公共交通线网比例分级表（单位：%）　　表 7-14

评价分值	5 分	4 分	3 分	2 分	1 分
值域范围	≥20	[20,15)	[15,10)	[10,5)	[0,5)

15. BRT 线网衔接程度

1）定义与说明

所有 BRT 线路可以直接或间接衔接的线路，两两组合数占所有线路两两组合数的比例。

2）计算方法

BRT 线网衔接程度的计算方法见式(7-15)。

$$BRT\,线网衔接程度 = \frac{任意两条可直接或间接衔接的\,BRT\,线路的组合数}{BRT\,线路任意两条组合的总数} \times 100\%$$

(7-15)

3）单位及评价标准（表 7-15）

BRT 线网衔接程度分级表（单位：%）　　表 7-15

评价分值	5 分	4 分	3 分	2 分	1 分
值域范围	≥60	[40,30)	[30,20)	[20,10)	[0,10)

16. BRT 站点具备超车能力比例

1）定义与说明

BRT 专用车站具备超车能力的站台数与全部 BRT 专用站台数量的比例。

2）计算方法

BRT 站点具备超车能力比例的计算方法见式(7-16)。

$$BRT 站点具备超车能力比例 = \frac{具备超车能力的 BRT 站台数}{BRT 站台总数} \times 100\%$$

(7-16)

3) 单位及评价标准(表 7-16)

BRT 站点具备超车能力比例分级表(单位:%)　　表 7-16

评价分值	5 分	4 分	3 分	2 分	1 分
值域范围	[60,100]	[40,60)	[30,40)	[20,30)	[0,20)

17. BRT 交叉口优先通行比例

1) 定义与说明

统计期内,BRT 通道中拥有公交优先通行权的交叉口的比例。

交叉口优先通行方式包括:信号灯优先的各种措施及路口交通组织优先的各种措施等。

2) 计算方法

BRT 交叉口优先通行比例的计算方法见式(7-17)。

$$BRT 交叉口优先通行比率 = \frac{BRT 优先通行交叉口数量}{BRT 通道交叉口总数} \times 100\%$$

(7-17)

3) 单位与评价标准(表 7-17)

BRT 交叉口优先通行比例分级表(单位:%)　　表 7-17

评价分值	5 分	4 分	3 分	2 分	1 分
值域范围	[60,100]	[40,60)	[30,40)	[20,30)	[0,20)

18. BRT 专用道硬隔离设置率

1) 定义与说明

统计期内,城市中心城区设置 BRT 设置护栏等硬隔离设施的专用车道的道路长度占所有 BRT 线路道路总长度的比例。

说明:专用车道指仅供 BRT 车辆行驶的专用道。

2)计算方法

BRT 专用道硬隔离设置率的计算方法见式(7-18)。

$$BRT 专用道硬隔离设置率 = \frac{设置 BRT 硬隔离专用道的道路长度}{BRT 线路道路总长度} \times 100\%$$

(7-18)

3)单位及评价标准(表 7-18)

BRT 专用道硬隔离设置率分级表(单位:%)　　表 7-18

评价分值	5 分	4 分	3 分	2 分	1 分
值域范围	[80,100]	[60,80)	[40,60)	[30,40)	[0,30)

19. BRT 车站乘客信息系统完备性

1)定义与说明

城市中心城区内 BRT 来车信息实时预报服务的覆盖比率。

乘客信息系统包括实时预报服务等,有电子站牌、手机、网站等形式。

2)计算方法

BRT 车站乘客信息系统完备性的计算方法见式(7-19)。

$$BRT 车站乘客信息系统完备性 = \frac{提供来车信息实时预报的线路站点数量}{线路站点总数} \times 100\%$$

(7-19)

3)单位与评价标准(表 7-19)

BRT 车站乘客信息系统完备性分级表(单位:%)　　表 7-19

评价分值	5 分	4 分	3 分	2 分	1 分
值域范围	[90,100]	[80,90)	[70,80)	[60,70)	[0,60)

20. BRT 调度中心完备性

1）定义与说明

运营调度是快速公共汽车交通调度与控制的核心。调度中心是运营调度功能实现的主体，利用监控、传输设备，实现调度中心与场站、车载设备之间的信息沟通，是运营调度的核心部分，反映 BRT 是否与其他交通方式协同调度，BRT 是否根据客流出行特征和时段的客流分布，采取灵活的调度形式的程度。

运营调度关系到 BRT 的正常运营以及其特点的充分发挥，调度中心应具有执行、监控、反馈、结算、分析、评估、应急处理（抢修与应急指挥调度）的功能。

(1) 结合地理信息系统，实施监控车辆的当前位置和各种状态信息（如：当前位置、速度、车牌号和运行轨迹等），以便在突发情况或者发现车辆异常情况下均能及时与驾驶员联系。

(2) 可支持运营调度系统与车辆的信息交互，也可支持调度系统控制远程调度装置和显示装置，在运行信息（主要是车辆状态信息、运行实施信息）的采集、传输和发布的基础上，实现信息互动。

(3) 调度中心做出调度方案后，能及时把调度指令以最快速度、可靠的方式传输到停车场、站台、车辆及相关系统等；同时停车场车辆状态、车辆运行状态、站台情况和其他有关的信息，应能实时传输给运营调度中心，实现它们之间的信息互动。

2）计算方法：专家打分

(1) 专家打分为 5 分的 BRT 调度中心完备性体现在以下 8 个方面：

① 调度中心能够实时监控每辆车的运营位置、状态、车间距，具体包括智能监控、发车调度、后台管理、客流量统计和轨道回放；

②调度中心与车辆保持实时通信联系,调度中心指令可以迅速传达到车辆和车站;

③能够实时了解路网交通状况、公共交通运行状况和 BRT 运行状况;

④主要站点视频监控;

⑤车载、车站信息动态更新;

⑥BRT 系统与其他公交系统保持高度协调调度;

⑦具有较完备的应急方案、指挥和调度功能;

⑧具有公交运营优化与评价功能。

(2)专家打分为 4 分的 BRT 调度中心完备性体现在以下 5 个方面:

①调度中心通过车载 GPS 实时指挥,能够实时了解每辆车的运营状态、位置、车速;

②调度中心与车辆保持实时通信联系,调度中心指令可以迅速传达到车辆和车站;

③车载和车站显示信息及时更新;

④具备基本的数据统计分析功能;

⑤较完备的应急方案、指挥和调度功能。

(3)专家打分为 3 分的 BRT 调度中心完备性体现在以下 4 个方面:

①调度中心通过车载 GPS 实时指挥,能够实时了解大部分运营车辆的运营状态、位置、车速;

②调度中心与车辆保持实时通信联系,调度中心指令可以迅速传达到车辆和车站;

③车载和车站显示必要信息;

④有应急方案,能够起到指挥和调度功能。

(4)专家打分为 2 分的 BRT 调度中心完备性体现在以下 4 个方面:

①调度中心具有基本的视频监控系统,能够起到基本的公交车辆的调度功能;

②调度中心与车辆保持通信联系;

③具备基本的数据统计分析功能;

④具备基本的应急处置能力。

(5)专家打分为1分的BRT调度中心完备性体现如下:

能够起到基本的调度功能。

21. BRT 车辆故障率

1)定义与说明

一年内,BRT 行驶里程与抛锚故障次数之比。

2)计算方法

BRT 车辆故障率的计算方法见式(7-20)。

$$BRT 车辆故障率 = \frac{BRT 行驶里程}{BRT 故障抛锚次数} \quad (7-20)$$

3)单位与评价标准(表7-20)

BRT 车辆故障率分级表(单位:10^3km/次)　　表7-20

评价分值	5分	4分	3分	2分	1分
值域范围	≤3	(3,5]	(5,7]	(7,9]	>9

22. BRT 行车责任事故死亡率

1)定义与说明

统计期内,公共交通每行驶相应里程发生的同等及以上责任的交通事故死亡人数。

2)计算方法

BRT 行车责任事故死亡率的计算方法见式(7-21)。

$$\text{BRT 行车责任事故死亡率} = \frac{\text{BRT 责任事故死亡人数}}{\text{BRT 运营总里程}} \quad (7\text{-}21)$$

3) 单位与评价标准（表 7-21）

BRT 行车责任事故死亡率分级表（单位：人/10^6·车·km）　表 7-21

评价分值	5 分	4 分	3 分	2 分	1 分
值域范围	≤0.03	(0.03,0.04]	(0.04,0.05]	(0.05,0.06]	>0.06

23. BRT 安全行驶间隔里程

1) 定义与说明

一年内 BRT 车辆总行驶里程与行车责任事故次数的比率。

2) 计算方法

BRT 安全行驶间隔里程的计算方法见式(7-22)。

$$\text{BRT 安全行驶间隔里程} = \frac{\text{一年内 BRT 车辆总行驶里程}}{\text{行车责任事故次数}} \quad (7\text{-}22)$$

3) 单位与评价标准（表 7-22）

BRT 安全行驶间隔里程分级表（单位：10^4km/次）　表 7-22

评价分值	5 分	4 分	3 分	2 分	1 分
值域范围	≥125	[100,125)	[75,100)	[50,75)	[0,50)

24. BRT 驾乘人员平均收入水平

1) 定义与说明

统计期内，BRT 一线驾乘人员（含一线驾驶员、乘务员及站台服务人员）的平均工资与当地就业人员平均工资的比。

2) 计算方法

BRT 驾乘人员平均收入水平的计算方法见式(7-23)。

$$\text{BRT 驾乘人员平均收入水平} = \frac{\text{一线驾乘人员平均工资}}{\text{当地就业人员平均工资}} \quad (7\text{-}23)$$

3）单位与评价标准（表7-23）

BRT驾乘人员平均收入水平分级表　　　　表7-23

评价分值	5分	4分	3分	2分	1分
值域范围	≥1.3	[1.2,1.3)	[1.1,1.2)	[1.0,1.1)	<1.0

25. BRT驾乘人员平均劳动强度

1）定义与说明

统计期内，BRT一线驾乘人员（含一线驾驶员、乘务员及站台服务人员）的平均劳动时间。

2）计算方法

BRT驾乘人员平均劳动强度的计算方法见式(7-24)。

$$\text{BRT驾乘人员平均劳动强度} = \frac{\text{所有驾乘人员劳动时间}}{\text{所有驾乘人员}} \quad (7\text{-}24)$$

3）单位与评价标准（表7-24）

BRT驾乘人员平均劳动强度分级表（单位：h/人）　　表7-24

评价分值	5分	4分	3分	2分	1分
值域范围	≤8.0	(8.0,8.5]	(8.5,9.0]	(9.0,9.5]	>9.5

26. BRT政策服务补贴到位率

1）定义与说明

统计期内，BRT政策服务补贴金额到位比例。

2）计算方法

BRT政策服务补贴到位率的计算方法见式(7-25)。

$$\text{BRT政策服务补贴到位率} = \frac{\text{政策服务补贴实际到位数}}{\text{政策服务补贴应当到位数}} \times 100\%$$

$$(7\text{-}25)$$

3）单位与评价标准（表7-25）

BRT 政策服务补贴到位率分级表（单位:%） 表7-25

评价分值	5分	4分	3分	2分	1分
值域范围	[100,95]	(95,90]	(90,85]	(85,80]	(80,0]

27. BRT 车公里成本

1）定义与说明

BRT 公交车辆平均每公里发生的直接成本。

企业所属公交车辆平均每公里发生的直接成本,通过车辆的平均人员工资和油耗成本反映。

2）计算方法

BRT 车公里成本的计算方法见式（7-26）。

$$\text{BRT 车公里成本} = \frac{\text{运营总成本}}{\text{运行总里程}} \quad (7\text{-}26)$$

3）单位与评价标准（表7-26）

BRT 车公里成本分级表（单位:元/km） 表7-26

评价分值	5分	4分	3分	2分	1分
值域范围	[5,5.4]	[5.4,5.8)	[5.8,6.2)	[6.2,6.6)	≥6.6

28. BRT 在地面公共交通中的分担率

1）定义与说明

统计期内,BRT 平均日运量占地面公共交通平均日运量的比例,轨道交通客流量除外。

2）计算方法

BRT 在地面公共交通中的分担率的计算方法见式（7-27）。

$$\text{BRT 分担率} = \frac{\text{BRT 平均日运量}}{\text{地面公共交通平均日运量}} \times 100\% \quad (7\text{-}27)$$

3) 单位与评价标准（表 7-27）

BRT 在地面公共交通中的分担率分级表（单位:%）　　表 7-27

评价分值	5 分	4 分	3 分	2 分	1 分
值域范围	≥20	[20,15)	[15,10)	[10,5)	[0,5)

29. BRT 人车比

1) 定义与说明

单位 BRT 公交车辆所配备的参与人数。

2) 计算方法

BRT 人车比的计算方法见式(7-28)。

$$\text{BRT 人车比} = \frac{\text{参与 BRT 运营的所有人数}}{\text{所有 BRT 车辆数}} \quad (7\text{-}28)$$

3) 单位与评价标准（表 7-28）

BRT 人车比分级表（单位:人/辆）　　表 7-28

评价分值	5 分	4 分	3 分	2 分	1 分
值域范围	[2,3]	[3,4)	[4,5)	[5,6)	≥6

30. 高峰小时 BRT 平均运行速度

1) 定义与说明

统计期内,早晚高峰小时 BRT 车辆从线路的起点至终点实际运送乘客的平均运行速度。

2) 计算方法

高峰小时各班次平均运行速度的计算方法见式(7-29),进而计算得出高峰小时 BRT 平均运行速度,见式(7-30)。

$$\text{高峰小时各班次平均运行速度} = \frac{\text{早晚高峰小时班次运营里程}}{\text{早晚高峰小时班次运营时间}} \quad (7\text{-}29)$$

城市快速公共汽车交通系统运营评价指标体系与评价方法　第七章

$$高峰小时BRT平均运行速度 = \frac{\Sigma 早晚高峰小时班次平均运营车速}{早晚高峰小时班次总数} \quad (7-30)$$

3) 单位与评价标准(7-29)

高峰小时 BRT 平均运行速度分级表（单位：km/h）　　表 7-29

评价分值	5 分	4 分	3 分	2 分	1 分
值域范围	≥40	[30,40)	[20,30)	[10,20)	<10

31. BRT 车外售检票比例

1) 定义与说明

具有车外售票的 BRT 站台数量与 BRT 停靠站台总数之比。

2) 计算方法

BRT 车外售检票比例的计算方法见式(7-31)。

$$BRT 车外售检票比例 = \frac{具有车外售票的 BRT 站台数量}{BRT 停靠站台总数} \times 100\%$$

$$(7-31)$$

3) 单位及评价标准（表 7-30）

BRT 车外售检票比例分级表（单位：%）　　表 7-30

评价分值	5 分	4 分	3 分	2 分	1 分
值域范围	[80,100]	[60,80)	[50,60)	[30,50)	[0,30)

32. BRT 平均行车准点率

1) 定义与说明

统计期内，BRT 车辆实际正点发车和末站正点到站的次数与计划排班发车次数之比。

始发到站正点包括正点发车与末站正点到站。

发车时间以公共汽电车首站离站时间为准，实际发车比计划排班晚

2min 以内(不允许提前发车)记为正点发车。

末站正点到站定义为"快2慢5",即实际末站到站时间比计划排班早 2min 或晚 5min 以内,记为末站正点到站。

2)计算方法

BRT 平均行车准点率的计算方法见式(7-32)。

$$\text{BRT 平均行车准点率} = \frac{\sum 始发到站正点班次}{\sum 计划发车班次 \times 2} \times 100\% \quad (7\text{-}32)$$

3)单位与评价标准(表7-31)

BRT 车辆正点率分级表(单位:%)　　　　　表 7-31

评价分值	5 分	4 分	3 分	2 分	1 分
值域范围	[90,100]	[80,90]	[70,80]	[60,70]	其他

33. BRT 乘客平均换乘时间

1)定义与说明

BRT 乘客通过其他交通方式换乘,步行到 BRT 站台的平均时间。

换乘时间包括:

(1)从出发地直接步行到 BRT 车站时间。

(2)通过其他公共交通方式换乘 BRT 的步行时间。

2)计算方法

BRT 乘客平均换乘时间的计算方法见式(7-33)。

$$\text{BRT 乘客平均换乘时间} = \frac{\sum 调查人的换乘时间}{调查人数} \quad (7\text{-}33)$$

3)单位及评价标准(表7-32)

BRT 乘客平均换乘时间分级表(单位:min)　　　表 7-32

评价分值	5 分	4 分	3 分	2 分	1 分
值域范围	≤5	(5,7]	(7,9]	(9,11]	>11

34. BRT 高峰小时发车间隔

1)定义与说明

BRT 在高峰时段内的平均发车间隔。根据《快速公共汽车交通系统设计规范》(CJJ 136—2010)规定,快速公共汽车交通高峰小时发车间隔宜为 1~3min。

2)计算方法

无。

3)单位与评价标准(表7-33)

BRT 高峰小时发车间隔分级表(单位:min)　　表7-33

评价分值	5分	4分	3分	2分	1分
值域范围	[1,3]	(3,5]	(5,7]	(7,10]	>10

35. BRT 乘客平均乘次单价比率

1)定义与说明

BRT 乘客平均乘次单价与其他公共交通平均乘次单价的比。

2)计算方法

BRT 乘客车均乘次单价比率的计算方法见式(7-34),其中 BRT 每乘次单价的计算方法见式(7-35)。

$$BRT 乘客平均乘次单价比率 = \frac{BRT 每乘次单价}{其他公共交通每乘次单价} \quad (7-34)$$

$$BRT 每乘次单价 = \frac{运营收入}{运送乘客乘次} \quad (7-35)$$

3)单位与评价标准(表7-34)

BRT 乘客平均乘次单价比率分级表　　表7-34

评价分值	5分	4分	3分	2分	1分
值域范围	≤1.2	(1.2,1.4]	(1.4,1.6]	(1.6,1.8]	>1.8

36. BRT 站台高峰小时人均面积

1）定义与说明

高峰小时站台面积与站台中的人数之比。

站台中人数为各站台高峰小时每 10min 采集一次的平均值,设为 M。

2）计算方法

BRT 站台高峰小时人均面积的计算方法见式(7-36)。

$$BRT 站台高峰小时人均面积 = \frac{M}{\sum 站台面积} \quad (7-36)$$

3）单位与评价标准（表 7-35）

BRT 站台高峰期人均面积分级表（单位：$m^2/人$） 表 7-35

评价分值	5 分	4 分	3 分	2 分	1 分
值域范围	≥1	[0.8,1)	[0.6,0.8)	[0.4,0.6)	[0,0.4)

37. BRT 车辆整洁合格率

1）定义与说明

BRT 车辆整洁合格的车辆数量占全部检查车辆数量的百分比。

2）计算方法

BRT 车辆整洁合格率的计算方法见式(7-37)。

$$BRT 车辆整洁合格率 = \frac{BRT 整洁合格的车辆数}{BRT 车辆总数} \times 100\% \quad (7-37)$$

3）单位与评价标准（表 7-36）

BRT 车辆整洁合格率分级表（单位：%） 表 7-36

评价分值	5 分	4 分	3 分	2 分	1 分
值域范围	[98,100]	[92,98)	[86,92)	[80,86)	[0,80)

38. BRT 高峰小时平均满载率

1）定义与说明

高峰小时平均满载率是指某线路高峰小时所提供的运能与实际乘

客需求量的比例关系。

2) 计算方法

BRT 高峰小时平均满载率的计算方法见式(7-38)。

$$BRT 高峰小时平均满载率 = \frac{\Sigma 早晚高峰时段最大客流断面乘客数}{\Sigma 早晚高峰时段最大客流断面车次的额定载客量} \times 100\%$$

(7-38)

3) 单位与评价标准(表7-37)

BRT 高峰小时平均满载率分级表(单位:%)　　表 7-37

评分分值	5分	4分	3分	2分	1分
值域范围	≤80	[80,85)	[85,90)	[90,95)	≥95

39. BRT 乘客满意度

1) 定义与说明

统计期内,BRT 服务质量乘客满意度调查有效调查问卷的平均得分。

随机问卷调查每季度进行 1 次,需保证有效调查问卷总数不小于市区人口的 3‰,公共汽电车与轨道交通的问卷发放比例按照客运量比例分配。由第三方调查机构组织有关人员在各大站点采取现场问卷式调查。

2) 计算方法

BRT 乘客满意度的计算方法见式(7-39)。

$$BRT 乘客满意度 = \frac{\Sigma 单份有效调查问卷得分}{有效调查问卷总数}$$

(7-39)

3) 单位与评价标准(表7-38)

BRT 乘客满意度分级表（单位：分）　　　　表 7-38

评价分值	5 分	4 分	3 分	2 分	1 分
值域范围	[80,100]	[70,80)	[60,70)	[50,60)	<50

40. BRT 乘客投诉处理完结率

1）定义与说明

统计期内，处理完结的 BRT 投诉案件数量占 BRT 投诉案件的比率。

BRT 投诉内容包括服务态度、线路设置、卫生环境、候车间隔、基础设施配备等。

BRT 乘客投诉案件来源包括公交服务热线、市长热线、网站等。

2）计算方法

BRT 乘客投诉处理完结率的计算方法见式 (7-40)。

$$BRT\ 乘客投诉处理完结率 = \frac{处理完结的\ BRT\ 投诉案件数}{BRT\ 投诉案件总量} \times 100\%$$

(7-40)

3）单位与评价标准（表 7-39）

BRT 乘客投诉处理完结率分级表（单位：%）　　　　表 7-39

评价分值	5 分	4 分	3 分	2 分	1 分
值域范围	[95,100]	[90,95)	[85,90)	[80,85)	[0,80)

第三节　评价方法和评价模型

一、常用综合评价方法简介

传统的综合评价方法可归纳为如下 7 大类。

(1)将各种评价结果列出,加上评价者的倾向性意见。

(2)以经济指标或财务指标为主,辅以定性指标。

(3)评分法。首先是对这个方法的不同准则或指标给出权值,其次是对指标或权值打分,最后计算方案的总加权分。

(4)图示法。将综合评价的结果,用图来表示,有技术经济关系图,技术、经济、社会综合评价图,评价锥三种图。

(5)费用效益分析法。将非货币衡量因素用补偿变异等方法,都转化为可以用货币衡量的因素,然后用收益率或现值等经济指标作判据。

(6)多级过滤法。将社会影响、环境生态等都作为制约因素,制订最低标准,把技术方案与各项标准比较,进行层层筛选,在满足最低要求的前提下,最后以费用效益分析作决策分析。

(7)系统分析法。以系统分析理论为依据,用各种系统优化方法进行综合评价。

随着科学技术的不断发展,许多综合评价方法已表现出某种局限性,而利用现代模糊数学、多元统计、多目标决策等科学手段进行评价,则形成了模糊综合评判、多元综合评判这些多指标综合评价方法。其中,常用方法有:德尔菲(Delphi)法、模糊综合评判法、层次分析法(AHP)、聚类分析法和灰色关联度法等。

1. 德尔菲(Delphi)法

Delphi法即专家咨询法,就是对复杂的决策问题在评价过程中征求和收集有关专家的意见,通过规范化程序,从中提取出最一致的信息,利用专家的知识、经验来对系统进行评价。采用Delphi法,专家成员的人数一般以20~50人为宜,并且不要求成员面对面地接触,仅靠成员的书面意见反映。Delphi法是对专家成员的意见进行统计处理、归纳和综合,然后进行多次信息反馈,使成员意见逐步集中,从而做出比较正确的判断。

2. 模糊综合评判法

由于在客观现实中存在着许多模糊的概念,比如评价一个人,人们只能说这个人好或坏、高或矮,但究竟怎样的人算好、怎样的人算坏,不同的人有不同标准,因此没法给出一个精确的值来判断。模糊综合评判法就是针对这类问题而提出的,它是应用模糊数学的基本原理来考察无法定量化的评价对象(项目)的一种综合评判方法。该方法可以使人们比较简便地从"大概"中获得综合的、基本上能清楚反映事物的概念。该综合评价法根据模糊数学的隶属度理论把定性评价转化为定量评价,即用模糊数学对受到多种因素制约的事物或对象做出一个总体的评价。它具有结果清晰、系统性强的特点,能较好地解决模糊的、难以量化的问题,适合于各种非确定性问题的解决。

3. 层次分析法(AHP)

层次分析法(AHP)是由美国运筹学家、匹兹堡大学教授 Satty 在 20 世纪 70 年代末提出的,1988 年在中国召开了第一届 AHP 国际学术会议。AHP 具有系统、灵活、简便以及定性与定量分析相结合的特点,特别是能将决策者的经验判断给予量化,对判断目标结构复杂且缺乏必要的数据的情况更实用。多年来,AHP 在国内外的各行各业中得到广泛的应用,成为使用最多的一种多目标决策分析方法。

利用层次分析法可处理复杂的社会、经济、政治、技术等方面的决策问题,分析各个组成因素在所研究问题中所占的权重。与其说 AHP 是一种数学方法,不如说它体现了人类认识的思维方式。其基本过程是:把复杂问题分解成各个组成元素,按支配关系将这些元素分组、分层,形成有序的递阶层次结构,在此基础上,通过两两比较的方式判断各层次中诸元素的重要性,然后综合这些判断计算单准则排序和层次总排序,从而确定诸元素在决策中的权重。这一过程是人们决策思维的基本特征,即分解、判断、再综合。在掌握一些简单的数学知识后,决策者甚至都可以自己采用 AHP 进行决策。因此,这种方法透明性很高,评价人员与决策者能很好地沟通。

二、评价方法选取

Delphi 法需要的专家较多,而且评价结果完全依靠专家们的主观意愿决定,因此,具有很强的主观性,在一定程度上具有不可靠性。仅采用 Delphi 法不适合于城市公交企业管理与服务水平的科学评价。

主成分分析法是一种多元统计分析方法,因此决定了在进行过程中需要大量的序列数据。但在公共交通企业的评价中有许多因素是定性的,而不是定量的,而且由于公交企业管理不够完善,统计数据不是很完整。因此,用主成分分析法进行公共交通企业评价是不适合的。

模糊综合评价法是一种基于模糊数学的综合评标方法,适用于定性问题的综合评价。公共交通企业综合评价指标体系中,各指标不仅有定性的指标,而且有定量的指标,所以用模糊评判法在该评价中是不适用的。

层次分析法的建模过程与人们的思维过程基本一致。公共交通是一个综合、复杂、开放、动态的大系统,要做到切实的评价,不仅要确定出影响公共交通的主要因素,还要根据其特点选择合适的评价方法。首先,由于公共交通关系到社会生产的很多方面,与人们的日常生活息息相关,所以公交评价中人的主观因素起着很重要的作用,这就使得评价因素的量化变得困难。其次,由于现行的城市公交管理体制不够完善,某些数据统计不完全,缺乏准确性。上述两个困难所在正是层次分析法在评价决策中的优势所在。因此,应选择层次分析法对公共交通系统进行综合评价。

灰色关联度法常用于确定那些对评价对象影响较大的因素,其评价效果与其他评价方法相比,优势不明显,不适用于城市公交企业管理与服务水平的综合评价。

通过以上对各评价方法的比较及在公交企业管理与服务水平评价的适用性分析,中国公交企业管理与服务水平综合评价最合适的方法是德尔菲法和层次分析法相结合的方法。下面将详细给出层次分析法的建模原理、思路和应用步骤以及应用模糊评价法对指标值的标准化。

三、构建判别矩阵及一致性检验

底层指标占目标层的权重按照层次分析法进行确定。

1. 准则层Ⅰ相对于目标层的判别矩阵(表7-40)

准则层Ⅰ相对于目标层的判别矩阵 表7-40

目标层 A	B1 运营设施	B2 运营管理	B3 运营服务
B1 运营设施	1	9/7	1
B2 运营管理	7/9	1	7/9
B3 运营服务	1	9/7	1

该判别矩阵对应的一致性比率 $CR = 0/RI = 0/2 = 0 < 0.1$,通过一致性检验。

2. 准则层Ⅱ相对于准则层Ⅰ的判别矩阵

1)运营设施相对于准则层Ⅰ的判别矩阵(表7-41)

运营设施相对于准则层Ⅰ的判别矩阵　　　　表7-41

B1 运营设施	C1 车辆设施	C2 场站设施	C3 站台设施	C4 安全设施	C5 线网设置	C6 优先设施	C7 信息化
C1 车辆设施	1	7/5	1	1	1	1	7/5
C2 场站设施	5/7	1	5/7	5/7	5/7	5/7	1
C3 站台设施	1	7/5	1	1	1	1	7/5
C4 安全设施	1	7/5	1	1	1	1	7/5
C5 线网设置	1	7/5	1	1	1	1	7/5
C6 优先设施	1	7/5	1	1	1	1	7/5
C7 信息化	5/7	1	5/7	5/7	5/7	5/7	1

该判别矩阵对应的一致性比率 $CR = CI/RI = 0/6 = 0 < 0.1$，通过一致性检验。

2）运营管理相对于准则层Ⅰ的判别矩阵（表7-42）

运营管理相对于准则层Ⅰ的判别矩阵　　　　表7-42

B2 运营管理	C8 车辆管理	C9 安全管理	C10 人力资源管理	C11 效益管理	C12 运营效率
C8 车辆管理	1	1	7/5	1	7/9
C9 安全管理	1	1	7/5	1	7/9
C10 人力资源管理	5/7	5/7	1	5/7	5/9
C11 效益管理	1	1	7/5	1	7/9
C12 运营效率	9/7	9/7	9/5	9/7	1

该判别矩阵对应的一致性比率 $CR = CI/RI = 0/4 = 0 < 0.1$，通过一致性检验。

3）运营服务相对于准则层Ⅰ的判别矩阵（表7-43）

运营服务相对于准则层Ⅰ的判别矩阵　　　表7-43

B3 运营服务	C13 快速性	C14 准时性	C15 方便性	C16 经济性	C17 舒适性	C18 乘客满意度
C13 快速性	1	9/7	9/7	9/5	9/5	9/5
C14 准时性	7/9	1	1	7/5	7/5	7/5
C15 方便性	7/9	1	1	7/5	7/5	7/5
C16 经济性	5/9	5/7	5/7	1	1	1
C17 舒适性	5/9	5/7	5/7	1	1	1
C18 乘客满意度	5/9	5/7	5/7	1	1	1

该判别矩阵对应的一致性比率 $CR = CI/RI = 0/5 = 0 < 0.1$，通过一致性检验。

3. 指标层相对于准则层Ⅱ的判别矩阵

指标层相对于准则层Ⅱ的权重的计算与上述方法相同。

四、指标权重确定

权重是一个相对的概念，是针对某一指标而言。某一指标的权重是指该指标在整体评价中的相对重要程度。权重表示在评价过程中，是被评价对象的不同侧面的重要程度的定量分配，对各评价因子在总体评价中的作用进行区别对待。在实际工作中，客观的评价需要有一定的重心和侧重点。因此，在评价过程中必须依据不同指标对目标贡献的不同，对指标的重要程度做出分配数值，即权重的确定。

总之，权重是要将若干评价指标对总目标的重要程度加以区别，本节将根据专家评分计算判别矩阵的最大特征向量，并进行归一化处理，确定指标权重，见表7-44。

评价指标对目标层的贡献权重　　表 7-44

目标层	准则Ⅰ	权重	准则Ⅱ	权重	评价指标	权重
BRT 运营评价	B1 运营设施	0.3600	C1 车辆设施	0.1556	D1 BRT 车辆平均车容量	0.3182
					D2 BRT 低底盘车辆比例	0.2273
					D3 节能环保 BRT 车辆比例	0.2273
					D4 BRT 空调车比例	0.2273
			C2 场站设施	0.1110	D5 BRT 车辆进场率	0.6250
					D6 BRT 车均场站面积	0.3750
			C3 站台设施	0.1556	D7 BRT 专用站台设置比例	0.2917
					D8 BRT 站台水平登乘率	0.2917
					D9 无障碍设施完备性	0.2083
					D10 站台服务设施完备率	0.2083
			C4 安全设施	0.1556	D11 BRT 站台屏蔽门设置率	0.3684
					D12 BRT 车辆安全设施完备率	0.3684
					D13 BRT 站场安防设施完备率	0.2631
			C5 线网设置	0.1556	D14 BRT 线网占地面公共交通线网比例	0.5625
					D15 BRT 线网衔接程度	0.4375
			C6 优先设施	0.1556	D16 BRT 站点具备超车能力比例	0.2381
					D17 BRT 交叉口优先通行比例	0.3334
					D18 BRT 专用道硬隔离设置率	0.4286
			C7 信息化	0.1110	D19 BRT 车站乘客信息系统完备性	0.4167
					D20 BRT 调度中心完备性	0.5833

续上表

目标层	准则Ⅰ	权重	准则Ⅱ	权重	评价指标	权重
BRT运营评价	B2 运营管理	0.2800	C8 车辆管理	0.2000	D21BRT 车辆故障率	1.0000
			C9 安全管理	0.2000	D22BRT 行车责任事故死亡率	0.5625
					D23BRT 安全行驶间隔里程	0.4375
			C10 人力资源管理	0.1428	D24BRT 驾乘人员平均收入水平	0.5000
					D25BRT 驾乘人员平均劳动强度	0.5000
			C11 效益管理	0.2000	D26BRT 政策服务补贴到位率	0.5833
					D27BRT 车公里成本	0.4167
			C12 运营效率	0.2571	D28BRT 在地面公共交通中的分担率	0.5833
					D29BRT 人车比	0.4167
	B3 运营服务	0.3600	C13 快速性	0.2369	D30 高峰小时 BRT 平均运行速度	0.5625
					D31BRT 车外售检票比例	0.4375
			C14 准时性	0.1842	D32BRT 平均行车准点率	1.0000
			C15 方便性	0.1842	D33BRT 乘客平均换乘时间	0.5000
					D34BRT 高峰小时发车间隔	0.5000
			C16 经济性	0.1316	D35BRT 乘客平均乘次单价比率	1.0000
			C17 舒适性	0.1316	D36BRT 站台高峰小时人均面积	0.2941
					D37BRT 车辆整洁合格率	0.2941
					D38BRT 高峰小时平均满载率	0.4118
			C18 乘客满意度	0.1316	D39BRT 乘客满意度	0.5833
					D40BRT 乘客投诉处理完结率	0.4167

五、评价分值的计算

在确定了各个底层指标的指数及根据层次分析法给出了对应指标的权重后,通过各指标指数的大小及对应权重的加权求和,可用式(7-41)计算出目标层的评测分值。

$$H = W \cdot C^{T} \tag{7-41}$$

式中:H——目标层的评测分值;

W——指标层相对于目标层的权重,$W = (w_1, w_2, \cdots\cdots, w_{85})$,$\sum w_i = 1$;

C^T——指标指数。

上述公式可用来计算目标层的评测分值。该分值即可用来评测 BRT 运营的总体水平,也可用于同行业的横向对比,分析 BRT 运营的不足之处及优势所在。

第四节 济南市 BRT 运营评价应用

一、确定指标分值

根据运营公司、行业主管部门提供的数据以及乘客反馈意见,利用层次分析法对济南市 BRT 运营进行定性和定量分析,确定各评价指标分值见表 7-45。

指 标 层 分 值　　　　　表7-45

评 价 指 标	权重	分值	计算分值
D1BRT 车辆平均车容量	0.3182	3	0.9545
D2BRT 低底盘车辆比例	0.2273	5	1.1364

续上表

评 价 指 标	权重	分值	计算分值
D3 节能环保 BRT 车辆比例	0.2273	5	1.1364
D4 BRT 空调车比例	0.2273	5	1.1364
D5 BRT 车辆进场率	0.6250	5	3.1250
D6 BRT 车均场站面积	0.3750	3	1.1250
D7 BRT 专用站台设置比例	0.2917	2	0.5833
D8 BRT 站台水平登乘率	0.2917	2	0.5833
D9 BRT 无障碍设施完备性	0.2083	3	0.6250
D10 BRT 站台服务设施完备率	0.2083	4	0.8333
D11 BRT 站台屏蔽门设置率	0.3684	2	0.7369
D12 BRT 车辆安全设施完备率	0.3684	5	1.8422
D13 BRT 场站安防设施完备率	0.2631	5	1.3157
D14 BRT 线网占地面公共交通线网比例	0.5625	2	1.1251
D15 BRT 线网衔接程度	0.4375	3	1.3124
D16 BRT 站点具备超车能力比例	0.2381	4	0.9523
D17 BRT 交叉口优先通行比例	0.3334	1	0.3334
D18 BRT 专用道硬隔离设置率	0.4286	3	1.2857
D19 BRT 车站乘客信息系统完备性	0.4167	3	1.2500
D20 BRT 调度中心完备性	0.5833	5	2.9167
D21 BRT 车辆故障率	1.0000	5	5.0000
D22 BRT 行车责任事故死亡率	0.5625	4	2.2501
D23 BRT 安全行驶间隔里程	0.4375	4	1.7499
D24 BRT 驾乘人员平均收入水平	0.5000	4	2.0000
D25 BRT 驾乘人员平均劳动强度	0.5000	3	1.5000
D26 BRT 政策服务补贴到位率	0.5833	2	1.1667
D27 BRTBRT 车公里成本	0.4167	2	0.8333
D28 BRTBRT 在地面公共交通中的分担率	0.5833	3	1.7500

城市快速公共汽车交通系统运营评价指标体系与评价方法 第七章

续上表

评 价 指 标	权重	分值	计算分值
D29 BRT 人车比	0.4167	2	0.8333
D30 高峰小时 BRT 平均运行速度	0.5625	3	1.6876
D31 BRT 车外售检票比例	0.4375	2	0.8749
D32 BRT 平均行车准点率	1.0000	4	4.0000
D33 BRT 乘客平均换乘时间	0.5000	3	1.5000
D34 BRT 高峰小时发车间隔	0.5000	2	1.0000
D35 BRT 乘客平均乘次单价比率	1.0000	3	3.0000
D36 BRT 站台高峰小时人均面积	0.2941	4	1.1765
D37 BRT 车辆整洁合格率	0.2941	4	1.1765
D38 BRT 高峰小时平均满载率	0.4118	3	1.2353
D39 BRT 乘客满意度	0.5833	4	2.3334
D40 BRT 乘客投诉处理完结率	0.4167	5	2.0833

二、确定准则层Ⅱ分值

准则层Ⅱ C1 车辆计算方法为：

准则层Ⅱ C1 分值 = D1 权重 × D1 分值 + D1 权重 × D1 分值 + D1 权重 × D1 分值 = 3。

C2 至 C11 计算方法同 C1，得出分值见表 7-46。

准则层Ⅱ分值　　　　　　表 7-46

准 则 Ⅱ	权　　重	计　算　值
C1 车辆设施	0.1556	4.3636
C2 场站设施	0.1110	4.2500
C3 站台设施	0.1556	2.6250
C4 安全设施	0.1556	3.8947
C5 线网设置	0.1556	2.4375

续上表

准则 Ⅱ	权 重	计 算 值
C6 优先设施	0.1556	2.5714
C7 信息化	0.1110	4.1667
C8 车辆管理	0.2000	5.0000
C9 安全管理	0.2000	4.0000
C10 人力资源管理	0.1428	3.5000
C11 效益管理	0.2000	2.0000
C12 运营效率	0.2571	2.5833
C13 快速性	0.2369	2.5625
C14 准时性	0.1842	4.0000
C15 方便性	0.1842	2.5000
C16 经济性	0.1316	3.0000
C17 舒适性	0.1316	3.5882
C18 乘客满意度	0.1316	4.4167

三、确定准则层 Ⅰ 分值

准则层 Ⅰ 分值的计算方法与准则层 Ⅱ 相同,得出分值见表7-47。

准则层 Ⅰ 分值　　　　表7-47

准则 Ⅰ	权 重	计 算 值
B1 运营设施	0.3600	3.4071
B2 运营管理	0.2800	3.3640
B3 运营服务	0.3600	3.2526

四、确定目标层分值

综合以上方法计算得出济南市快速公共汽车交通(BRT)运营分值

为3.3394分,表明济南市快速公共汽车交通(BRT)运营服务处于一个比较良好的水平。

五、BRT 运营评价结论

根据调研数据及评价结果,对济南市 BRT 体系评价结论如下:

(1)济南市 BRT 系统评价分为 3.3394 分,反映出济南市 BRT 体系处于一个良好的运营水平。

(2)在运营设施方面,车辆、场站、专用道等方面都比较完善,在线网和站台方面存在一定的问题,主要表现在 BRT 专用站台较少,线网占地面公共交通比例较少以及衔接方面欠缺。

(3)在运营管理方面,安全方面表现良好,这与公司的智能调度和不断强调安全管理有直接关系。在运营效率方面表现较差,主要原因为几乎没有路口优先,难以有效提高 BRT 的运营速度,且多数站台不具备超车能力。另一方面车公里成本较高,这与站台配备的服务人员数量有直接关系。

(4)在运营服务方面,服务水平具有突出的表现,与"星级管理,星级服务"的服务理念以及"微笑服务"有密切关系。

参 考 文 献

[1] 徐康明. 快速公交系统规划与设计[M]. 北京:中国建筑工业出版社,2010.

[2] 宋瑞. 快速公交系统规划理论与方法[M]. 北京:科学出版社,2009.

[3] TCRP REPORT 90. Bus Rapid Transit Volume 1:Case Studies in Bus Rapid Transit.

[4] TCRP REPORT 90. Bus Rapid Transit Volume 2:Implementation Guidelines.

[5] 陈雪明. 对巴士快速交通的定位分析[C]. 中国城市交通规划2003年年会暨第20次学术研讨会论文集. 郑州,2003.

[6] 陈钦水. 城市地面快速公交网络系统规划研究[D]. 西安建筑科技大学,2004.

[7] 莫一魁. 城市快速公交系统规划理论与方法研究[D]. 同济大学,2007.

[8] 谭满春,徐建闽,毛宗源. 城市公共汽车停靠点选址模型[J]. 公路交通科技,1999(02).

[9] 付晶燕,杨晓光,俞洁. 快速公交系统中途站点优化设计方法研究[J]. 城市交通,2007(03).

[10] Lloyd Wright,Walter Hook. 快速公交规划设计指南[M]. 段小梅,梅叶,李薇,等. 美国纽约,2007.

[11] 李智宏. 快速公交系统的适用性分析与实践研究[D]. 成都:西南交通大学,2003.

[12] 成伟. 城市大运量快速公交导向发展模式研究[D]. 重庆:重庆大学,2007.

[13] 朱小郭. 快速公交与常规公交协调衔接研究[D]. 长沙:长沙理工大学,2009.

[14] 郑维凤. 城市轨道交通与快速公交的换乘协调研究[D]. 北京:北京交通大学,2011.

[15] 谢懿. BRT线网规划方法及其方案评价研究[D]. 北京交通大学,2011.

[16] 季利平. 城市快速公交线网规划研究[D]. 内蒙古农业大学,2006.

[17] 白子建. 基于智能优化算法的快速公交BRT线网规划与发车频率优化研究[D]. 天津:天津大学,2007.

[18] 陈小鸿. 城市客运交通系统[M]. 上海:同济大学出版社.2008.3.

[19] 张生瑞,严海. 城市公共交通规划的理论与实践[M]. 北京:中国铁道出版社,2007.

[20] 王多全. 快速公交系统运营管理技术[D]. 成都:西南交通大学,2008.

[21] 美国国家科学院交通运输研究委员会. 巴士快速交通实施指南[D]. 北京:中国建筑工业出版社,2008.

[22] 戴红. 基于模糊理论的交通信息处理技术研究[D]. 长春:吉林大学,2007.

[23] 美国交通研究委员会. 道路通行能力手册[M]. 北京:人民交通出版社,2007.

[24] 郭继孚,徐康明,陈燕凌,等. 国内外快速公交系统发展实践[M]. 北京:中国建筑工业出版社,2008.

[25] 王少飞. 快速公交(BRT)智能系统研究[D]. 西安:长安大学,2008.

[26] 李剑.快速公交与常规公交联合调度方法研究[D].大连:大连理工大学,2011.

[27] TCRP. Improved Traffic Signal Priority for Transit[R]. Washiongton DC:TRB,1988:65-67.

[28] 季彦婕,邓卫,王炜,等.基于公交优先通行的交叉口相位设计方法研究[J].公路交通科技,2004,21(12):118-122.

[29] 张卫华,陆化普,石琴,等.公交优先的信号交叉口配时优化方法[J].交通运输工程学报,2004,4(3):49-53.

[30] 于星涛.快速公交系统规划研究——以济南市为例[D].上海:同济大学,2006.

[31] 郑宇翔.BRT运用管理模式研究:[D].广州:华南理工大学,2009.

[32] 赵洁雯.快速公交系统在大中城市交通发展中的应用研究[D].南京:南京林业大学,2008.

[33] 李映红,孙慧娟.快速公交(BRT)服务水平评价研究[J].重庆交通大学学报(自然科学版),2010,4(29).

[34] 朱胜雪.快速公交系统(BRT)发展水平评价指标体系研究[J].城市公共交通,2007(10):29-31.

[35] Khaled F. Abdelghany. A Modeling Framwork for Bus Rapid Transit Operations Evaluation and Service Planning [C]. 83th Annual Meeting of Transportation Research Board. 2004.

[36] Eric Holeman. Selecting Corridors for Bus Rapid Transit Using a Multicriteria Method[C]. 83th Annual Meeting of Transportation Research Board. 2004.

[37] Yafeng Yin, Mark A. Miller. A Framwork for Development Planning of Bus Rapid Transit System[C]. 84th Annual Meeting of Transportation

Research Board. 2005.

[38] S. C. Wirasinghe, Nadia S. Ghoneim. Spacing of Bus-stops for Many to Many Travel Demand[J]. Transportation Science. 1981.

[39] Anthony A. Saka. Model for Determining Optimum Bus-stop Spacing in Urban Areas[J]. Journal of Transportation Engineering. 2001.